Naviguer dans l'Amour : L'Odyssée des Rendez-vous au 21e Siècle

Un guide complet pour les femmes modernes : des rencontres en ligne à la gestion des conflits, découvrir l'authenticité et grandir à travers chaque experience

Simone Amour

1. **Introduction :** • L'importance de la connaissance de soi dans le monde des rencontres. • Qu'est-ce que "jouer le jeu" signifie vraiment dans les rencontres ?

2. **Histoire des rencontres :** • Comment les dynamiques des rencontres ont-elles changé au fil du temps ?

3. **Auto-conscience et auto-évaluation :** • L'importance de se connaître soi-même avant d'entrer dans le monde des rencontres.

4. **Définition de vos valeurs :** • Qu'est-ce que vous voulez vraiment d'une relation ?

5. **L'importance de la communication :** • Comment communiquer vos besoins, désirs et limites.

6. **Attentes vs Réalité :** • La différence entre ce que nous voyons dans les films et ce qui se passe dans la réalité.

7. **Rencontres en ligne :** • Comment naviguer dans le monde des rencontres en ligne, les avantages et les inconvénients.

8. **La sécurité avant tout :** • Conseils et astuces pour garantir votre sécurité lors des rencontres.

9. **Chimie et compatibilité :** • Comment reconnaître la différence et l'importance des deux.

19. **Gestion des conflits :** • Techniques et conseils pour faire face et résoudre les conflits dans une relation.

20. **Conclusion :** • Réflexions finales et encouragement pour les femmes à entrer dans le monde des rencontres avec confiance et authenticité.

Introduction

 Dans le monde vibrant et en constante évolution des rencontres, une chose est restée constante : le besoin de compréhension et de conscience de soi. Alors que le paysage des rencontres a évolué avec l'avènement des nouvelles technologies et des changements culturels, l'importance de se connaître profondément avant de se lancer dans cette aventure ne peut être sous-estimée.

Conscience de soi : Ceci n'est pas simplement un cliché ou une phrase tirée d'un manuel d'auto-assistance. Il s'agit d'un processus profond et continu de réflexion sur nos propres besoins, désirs, valeurs et attentes. Et, dans un monde où nous sommes souvent encouragés à nous comparer à des normes externes - que ce soit des films romantiques, des histoires sur Instagram ou les conseils bien intentionnés d'amis - il est essentiel de revenir à nous-mêmes. Ce n'est qu'avec une compréhension claire de ce que nous voulons et de ce que nous sommes que nous pouvons aborder le jeu des rencontres avec une direction définie et une vulnérabilité authentique. C'est ici que nous abordons le concept de "jouer le jeu" dans les rencontres. Que signifie-t-il vraiment ? Beaucoup le voient comme une série de stratégies pour "gagner" l'attention ou l'affection de quelqu'un. D'autres le considèrent comme un jeu de rôle, où nous sommes des acteurs dans un drame que nous espérons voir se terminer joyeusement. Mais "jouer le jeu" peut être quelque chose de beaucoup plus profond et significatif. Il peut s'agir d'exprimer notre authenticité, d'établir de véritables connexions avec les autres et d'apprendre en cours de route. Il ne s'agit pas de manipulation ou de porter un masque, mais de se montrer authentiquement, avec nos qualités et nos défauts, et de trouver quelqu'un qui nous apprécie pour ce que nous sommes réellement. À la lumière de cela, ce livre explorera comment naviguer dans le monde des rencontres avec intégrité, authenticité et une solide connaissance de soi. Nous offrirons des outils, des conseils et des réflexions pour aider chaque femme à trouver son propre chemin, indépendamment des attentes extérieures. Parce qu'en fin de compte, le véritable "jeu" des rencontres ne concerne pas la conquête, mais la connexion. Bienvenue dans ce voyage à la découverte de soi dans le monde des rencontres. Et maintenant, commençons.

Dans l'ère moderne des rencontres, où les balayages à droite et à gauche dominent notre recherche d'un partenaire, la conscience de soi émerge comme l'ancrage qui peut maintenir notre bateau stable au milieu de ces eaux tumultueuses. Les applications de rencontres, bien qu'elles soient d'extraordinaires outils pour élargir notre horizon de partenaires potentiels, peuvent également entraîner une certaine dépersonnalisation de l'expérience des rendez-vous. Dans ce contexte, une compréhension claire de ce que nous voulons et de qui nous sommes devient encore plus cruciale. Considérez la conscience de soi comme une boussole intérieure. Dans un océan de profils, de messages et de premières impressions, il peut être facile de se perdre dans le bruit ou de se sentir submergé par les attentes - les nôtres et celles des autres. Mais avec une boussole solide, nous pouvons naviguer avec détermination, évitant d'être entraînés dans des directions qui ne reflètent pas nos véritables désirs ou valeurs. Cependant, la conscience de soi n'est pas quelque chose que l'on acquiert du jour au lendemain. Elle nécessite de l'introspection, de la réflexion et parfois même le courage de faire face à des vérités inconfortables sur nous-mêmes. Cela pourrait signifier admettre que nous avons peur de l'engagement ou reconnaître que par le passé, nous avons laissé entrer les mauvaises personnes dans nos vies en raison de notre faible estime de nous-mêmes. Cela pourrait aussi signifier comprendre que ce que nous voulons d'une relation maintenant pourrait être différent de ce que nous voulions il y a cinq ou dix ans. Et tandis que nous nous plongeons dans ce voyage de découverte de soi, un autre concept émerge puissamment : "jouer le jeu". Le terme "jeu" a souvent des connotations négatives lorsqu'il s'agit de rencontres, suggérant des tactiques de manipulation ou une approche malhonnête. Mais si nous le considérons sous un angle différent, "jouer le jeu" peut représenter le chemin d'apprentissage et d'adaptation que nous parcourons dans le monde des rencontres. En effet, chaque interaction, chaque rendez-vous et chaque relation (quelle que soit sa durée) nous offre une leçon. Ces leçons, si nous les observons et les assimilons bien, affinent notre capacité à nous comprendre et à comprendre ce que nous voulons d'un partenaire. Elles nous apprennent à reconnaître les comportements que nous apprécions et ceux que nous ne tolérons pas. Elles nous montrent comment nous pourrions réagir dans certaines situations et comment nous pourrions souhaiter réagir à l'avenir. Et, en fin de compte, elles nous aident à jouer mieux, au sens d'avoir des interactions plus authentiques, honnêtes et gratifiantes. De plus, "jouer le jeu" peut également refléter notre capacité à rester ouverts et curieux. Même si nous avons eu des expériences décevantes par le passé, chaque nouvelle personne que nous rencontrons est un individu unique avec ses propres histoires et leçons à offrir. Entrer dans le monde des rencontres avec une attitude de curiosité plutôt qu'avec une attitude cynique nous permet de voir chaque nouvelle interaction comme une opportunité plutôt que comme un champ de mines potentiel. Cela ne signifie pas que nous devons ignorer les drapeaux rouges ou nous lancer aveuglément dans des situations qui ne nous conviennent pas. Cela signifie simplement qu'armés de notre boussole intérieure de la conscience de soi, nous pouvons aborder le monde des rencontres avec un équilibre entre prudence et ouverture, prêts à apprendre, à grandir et, finalement, à trouver une connexion qui résonne vraiment avec qui nous sommes.

2. Histoire des rendez-vous : L'évolution des dynamiques des rendez-vous au fil du temps.

Réfléchir à l'histoire des rendez-vous nous offre une perspective à travers laquelle nous pouvons observer non seulement l'évolution des relations amoureuses, mais aussi les changements socioculturels, économiques et technologiques qui ont influencé cette évolution. L'art et la dynamique de la séduction ont subi de multiples métamorphoses, chacune laissant une empreinte indélébile sur la façon dont nous percevons et abordons l'amour aujourd'hui.

Antiquité : Dans les anciennes civilisations telles que les Grecs et les Romains, les rendez-vous et les mariages étaient souvent des transactions conçues pour garantir des alliances politiques ou économiques entre les familles. L'amour romantique, tel que nous le concevons aujourd'hui, n'était pas nécessairement à la base de ces unions. Cependant, cela ne signifie pas que l'amour et la passion n'existaient pas ; ils avaient plutôt un rôle différent dans la structure sociale globale.

Moyen Âge : Pendant la période médiévale, l'idée de la courtoisie chevaleresque a émergé en Europe. Les chevaliers et les dames se séduisaient à travers la poésie, les chansons et les gestes romantiques, idéalisant souvent l'objet de leur affection. Cependant, bien que l'idée de l'amour romantique soit présente, de nombreuses unions étaient encore organisées en fonction de considérations économiques ou sociales.

Époque victorienne : Avec l'époque victorienne, des normes et des rituels rigides ont émergé en ce qui concerne la séduction. La "visite" est devenue une pratique courante, où un jeune homme rendait visite à une jeune femme chez elle, toujours sous la supervision d'un adulte. La discrétion et la confidentialité étaient essentielles.

Années 20 et 30 : Le début du 20e siècle a vu une plus grande libéralisation des rendez-vous. Par exemple, l'automobile a joué un rôle crucial en permettant aux couples davantage d'intimité et d'autonomie. Le concept de "sortir" de manière informelle est devenu plus populaire, en particulier parmi les jeunes.

Années 60 et 70 : La révolution sexuelle de cette période a conduit à une révision radicale des normes traditionnelles concernant les rendez-vous et les relations. La liberté amoureuse et l'émancipation des femmes ont profondément modifié la dynamique et les attentes autour des rendez-vous.

Années 80 et 90 : Avec l'avènement des premiers services de chat et de rencontres téléphoniques, la technologie a commencé à jouer un rôle dans le monde des rendez-vous, bien que de manière très différente de celle d'aujourd'hui.

Années 2000 à aujourd'hui : La numérisation des rendez-vous a pris le dessus. Des sites web comme Match.com et, plus tard, des applications comme Tinder, ont révolutionné la façon dont les gens se rencontrent et interagissent. La rapidité et la facilité de ces plateformes ont donné plus de pouvoir de choix aux individus, mais ont également posé de nouveaux défis tels que la surabondance d'options et la superficialité.

Aujourd'hui, alors que nous vivons à une époque où l'autonomie personnelle et la liberté de choix sont au cœur de la scène des rendez-vous, il est essentiel de se souvenir comment les dynamiques passées ont influencé et façonné les dynamiques actuelles. L'histoire des rendez-vous nous montre que, même si les modes et les attentes peuvent changer, la quête de connexion, de compréhension et d'amour reste une constante de l'expérience humaine.

Après l'explosion des plateformes de rencontres numériques au début des années 2000, les dynamiques des rendez-vous ont continué à évoluer. L'influence des médias sociaux, par exemple, a rendu la "présentation" en ligne presque aussi importante que les interactions en face à face. Facebook, Instagram et d'autres plateformes ont offert aux gens la possibilité de construire et de cultiver une image publique, influençant ainsi les premières impressions et les perceptions dans les nouvelles relations.

Parallèlement à l'essor des médias sociaux, la vitesse et l'efficacité des applications de rencontres modernes ont également donné lieu au phénomène du "ghosting" (disparaître sans explications d'une relation ou d'une conversation), alimenté par la nature apparemment sans fin des options disponibles et par la relative facilité d'éviter les conversations difficiles dans un environnement numérique.

Un autre changement significatif a été l'augmentation de la mondialisation dans le monde des rendez-vous. Avec des applications et des sites web reliant des personnes de différentes parties du monde, les relations à distance, autrefois considérées comme exceptionnelles, sont devenues beaucoup plus courantes. Cette mondialisation a également entraîné une plus grande interculturalité, les gens naviguant dans les défis et les beautés des relations interculturelles comme jamais auparavant.

En même temps, avec l'avancement de la technologie et de la numérisation, il y a eu un retour aux sources dans certains aspects des rendez-vous. Le "slow dating", par exemple, est un mouvement encourageant les gens à prendre leur temps pour connaître les partenaires potentiels, mettant l'accent sur la qualité des interactions plutôt que sur la quantité. Cela peut être vu comme une réaction à l'agitation et à la surabondance d'options offertes par les applications de rencontres traditionnelles.

De plus, alors que les applications de rencontres sont devenues la norme, il y a également eu une prise de conscience croissante des défis de sécurité associés à la rencontre de personnes inconnues en ligne. Cela a conduit à des innovations telles que des chats vidéo intégrés, des contrôles de sécurité plus stricts et d'autres fonctionnalités conçues pour rendre les rencontres en ligne plus sûres.

La fluidité de genre et l'élargissement de la compréhension des identités sexuelles ont également laissé une empreinte indélébile sur le paysage moderne des rendez-vous. Des applications comme Grindr, HER et d'autres plates-formes spécifiques à la communauté LGBTQ+ ont offert de nouvelles opportunités de connexion qui étaient autrefois marginalisées ou ostracisées. L'acceptation et la compréhension des différentes identités et orientations sexuelles ont conduit à un paysage des rendez-vous plus inclusif et diversifié.

Enfin, la récente pandémie de COVID-19 a eu un impact significatif sur la scène des rendez-vous. Les confinements et les restrictions sociales ont limité les interactions en face à face, poussant davantage de gens vers les plateformes numériques. Les rendez-vous virtuels, les appels vidéo et les interactions en ligne sont devenus la norme, obligeant les gens à trouver de nouvelles façons d'établir des connexions authentiques à travers les écrans. Cette période a également amené de nombreuses personnes à réfléchir à leurs priorités en matière de relations, reconnaissant la valeur des connexions profondes et significatives par rapport aux liens superficiels

Dans le contexte de la scène des rendez-vous post-pandémiques, de nouvelles tendances et défis ont émergé. L'un d'entre eux est devenu de plus en plus important, c'est la "compatibilité pandémique". En d'autres termes, des individus recherchent des partenaires qui partagent leurs points de vue et leurs pratiques en matière de sécurité sanitaire, de vaccination et de comportement pendant la pandémie. Cette nouvelle dimension de la compatibilité a ajouté une couche supplémentaire de complexité au monde déjà compliqué des rendez-vous.

Parallèlement, la distanciation physique forcée a ravivé l'intérêt pour les formes de communication traditionnelles. Beaucoup ont redécouvert le charme des lettres d'amour manuscrites, des cadeaux soigneusement pensés et des rendez-vous virtuels bien planifiés, qui imitent souvent des expériences réelles, comme regarder un film ensemble ou dîner aux chandelles via un appel vidéo. Cette "vieille école" de la séduction a offert une pause nostalgique par rapport à la nature frénétique des rendez-vous modernes en ligne.

Les dynamiques des rendez-vous ont également été influencées par les discussions mondiales croissantes sur des sujets tels que la justice sociale, l'égalité des genres et le changement climatique. La "compatibilité des valeurs" est devenue de plus en plus pertinente, de nombreuses personnes recherchant des partenaires partageant non seulement des intérêts personnels, mais aussi des visions et un engagement sur des questions mondiales. Les applications de rencontres telles qu'OkCupid ont commencé à poser des questions liées aux problèmes sociaux et politiques, permettant aux utilisateurs de voir avec qui ils sont alignés sur ces questions cruciales.

En outre, il y a eu une prise de conscience croissante de la nécessité de prendre en compte la santé mentale dans la scène des rendez-vous. La prise de conscience des défis mentaux et émotionnels associés aux rendez-vous, tels que l'anxiété liée aux rendez-vous, la pression sociale pour trouver un partenaire ou la gestion des relations passées, a conduit à un accent accru sur le soutien émotionnel et l'importance de la communication. De nombreuses personnes recherchent des relations dans lesquelles la santé mentale et la conscience de soi sont évaluées et prioritaires.

Dans le contexte de la technologie, la réalité augmentée et virtuelle commence également à faire son apparition dans le domaine des rendez-vous. Bien qu'elle en soit encore à ses débuts, l'idée de rendez-vous virtuels dans des environnements tridimensionnels ou l'utilisation de la réalité augmentée pour améliorer les rendez-vous en personne offre d'innombrables possibilités pour l'avenir. Imaginez explorer une ville numérique ensemble ou avoir un "filtre" de réalité augmentée pendant un rendez-vous qui fournit des informations ou des activités amusantes.

Enfin, il y a eu un désir croissant d'authenticité. À une époque de profils soigneusement élaborés, d'influenceurs et de réalités souvent filtrées, de nombreuses personnes recherchent des connexions authentiques et sincères. Cela a conduit à une appréciation des imperfections, des histoires personnelles et des expériences de vie réelles. Dans un monde saturé de connexions superficielles, la profondeur et la sincérité sont devenues rares et précieuses. Alors que la scène des rendez-vous continue de s'adapter et d'évoluer, la recherche d'une connexion réelle et significative reste, comme toujours, au cœur du désir humain.

L'histoire des rendez-vous, telle que nous l'avons retracée, reflète profondément l'évolution de la société et de ses priorités. Des temps anciens, où les rendez-vous et les mariages étaient souvent des instruments à des fins politiques ou économiques, jusqu'à aujourd'hui, dans une ère numérique où les possibilités de connexion sont presque infinies, nous avons vu les dynamiques de l'amour et de la séduction évoluer profondément. Mais avec cette évolution sont également arrivés de nouveaux dilemmes.

L'introduction de la technologie a certainement élargi l'horizon des opportunités romantiques, mais elle a également introduit des défis inédits. Dans un monde où un "match" ou une connexion est à portée de clic, la question se pose : qu'est-ce que cela signifie vraiment de se connecter avec quelqu'un ? Cette question a poussé de nombreuses personnes à rechercher l'authenticité au milieu d'un océan d'options apparemment infinies.

Les récentes crises mondiales, comme la pandémie de COVID-19, ont encore compliqué la scène des rendez-vous, introduisant de nouvelles dimensions de compatibilité et réaffirmant l'importance de la communication et de l'empathie. Elles ont également souligné la fragilité et la valeur des connexions humaines, incitant de nombreuses personnes à réfléchir profondément à ce qu'elles recherchent chez un partenaire.

Le paysage actuel des rendez-vous, avec sa combinaison de technologie avancée et de désir croissant de profondeur et d'authenticité, représente un carrefour. Les gens naviguent désormais dans un équilibre délicat entre l'appréciation des nouvelles opportunités offertes par la technologie et le désir intrinsèque de connexions profondes, authentiques et significatives.

L'histoire nous a montré que, malgré les défis et les changements, la quête de l'amour et de la connexion est une constante de l'expérience humaine. Et comme les générations précédentes ont trouvé des moyens de naviguer dans les dynamiques de leur époque, l'individu moderne s'adapte, apprend et grandit dans cette évolution continue du jeu de l'amour. En fin de compte, l'histoire des rendez-vous est le reflet de notre aspiration incessante à comprendre, à se connecter et, finalement, à aimer et à être aimé dans un monde en constante évolution.

3. **Conscience de soi et auto-évaluation : L'importance de se connaître avant d'entrer dans le monde des rencontres.**

La **conscience de soi** est la clé pour comprendre et reconnaître ses propres sentiments, motivations, désirs et peurs. C'est la base à partir de laquelle nous pouvons comprendre ce qui nous pousse, ce qui nous retient et comment nous interagissons avec les autres. Lorsque nous parlons de rencontres et de relations, la conscience de soi devient encore plus cruciale. Voici pourquoi.

Connaître ses propres valeurs et désirs. Avant de chercher un partenaire ou de s'engager dans une relation, il est essentiel d'avoir une compréhension claire de ce que représentent pour nous les valeurs et ce que nous désirons dans la vie. Cela nous permet de trouver un partenaire qui partage ou respecte ces mêmes valeurs et aspirations, créant ainsi une base solide pour une relation à long terme.

Reconnaître les schémas comportementaux. Nous avons tous des schémas comportementaux qui se manifestent dans les relations, souvent enracinés dans nos expériences passées. Être conscient de ces schémas nous aide à éviter de tomber dans des pièges comportementaux répétitifs qui peuvent nuire à nos relations.

Gérer les attentes et les limites. La capacité à établir et à communiquer ses propres limites, ainsi qu'à comprendre et gérer ses propres attentes dans une relation, est essentielle. Entrer dans le monde des rencontres avec une compréhension claire de ce que l'on peut tolérer et de ce que l'on souhaite permet de construire des relations plus saines et d'éviter les déceptions.

Améliorer la communication. La conscience de soi influence la capacité à communiquer efficacement. Lorsque l'on connaît ses émotions et réactions, il est plus facile de les exprimer de manière constructive et d'écouter activement son partenaire.

Prévenir la perte de soi. L'un des dangers des relations est la possibilité de se "perdre" dans son partenaire, en particulier si l'on n'a pas une compréhension claire de son identité individuelle. La conscience de soi sert de boussole, nous guidant pour préserver notre individualité même au sein d'une relation.

Favoriser la croissance personnelle. Enfin, la capacité à s'auto-évaluer et à reconnaître les domaines de croissance est essentielle non seulement pour notre développement personnel, mais aussi pour la croissance au sein d'une relation. Une compréhension profonde de soi permet de relever de manière proactive les défis, tant en tant qu'individu qu'en tant que partenaire.

En résumé, entrer dans le monde des rencontres avec une solide compréhension de soi offre une base plus solide pour construire des relations. Cette conscience améliore non seulement la qualité des relations, mais aussi notre bonheur et notre satisfaction au sein de celles-ci. Alors que la scène des rencontres peut changer et évoluer, la nécessité de la conscience de soi et de l'auto-évaluation reste une constante, fondamentale pour trouver et maintenir des relations significatives et durables.

Tandis que la conscience de soi sert de pilier fondamental dans la recherche de relations authentiques et durables, l'acte de l'auto-évaluation sert de complément, guidant constamment notre voyage de croissance intérieure.

Chaque interaction, chaque rendez-vous et chaque relation offre des opportunités uniques d'apprentissage. Lorsque nous abordons les rencontres avec une attitude de réflexion, nous pouvons voir ces moments non seulement comme des étapes vers la recherche du partenaire idéal, mais aussi comme des miroirs reflétant des aspects de nous-mêmes qui pourraient sinon rester cachés. Par exemple, une réaction émotionnelle inattendue lors d'un rendez-vous peut révéler de vieilles blessures ou des insécurités que nous n'avons pas encore affrontées.

De même, comprendre et reconnaître ses besoins dans une relation peut être un défi. Beaucoup entrent dans le monde des rencontres avec une idée préconçue de ce qu'ils recherchent chez un partenaire, basée sur des normes sociales, des attentes familiales ou des expériences passées. Cependant, ces idées préconçues peuvent souvent obscurcir notre capacité à voir ce dont nous avons vraiment besoin. L'auto-évaluation nous permet de distiller ces besoins, en les séparant des attentes externes et en nous concentrant sur ce qui nous rend réellement heureux et satisfait.

De plus, la capacité à s'auto-évaluer conduit à une plus grande résilience dans les rencontres. La réalité est que tous les rendez-vous ou relations ne seront pas couronnés de succès. Il y aura des déceptions, des cœurs brisés et des moments de doute. Cependant, avec une solide compréhension de soi, ces défis deviennent moins décourageants. Au lieu de voir ces moments comme des échecs, l'auto-évaluation nous permet de les considérer comme des opportunités de croissance et d'apprentissage.

De même, la conscience de ses propres forces et faiblesses peut profondément influencer la dynamique d'une relation. Par exemple, si une personne sait qu'elle a du mal à communiquer lorsqu'elle est stressée, elle peut adopter des stratégies ou discuter avec son partenaire à ce sujet, créant un environnement de compréhension et de soutien.

Enfin, compte tenu de la nature de plus en plus numérique des rencontres modernes, avec sa multitude d'applications et de plateformes, avoir une compréhension claire de soi peut aider à naviguer dans cette mer d'opportunités avec un sens de direction et de but. Plutôt que de se sentir submergé par les options infinies, ceux qui ont une forte conscience de soi peuvent aborder le monde des rencontres en ligne avec une vision claire, filtrant efficacement les opportunités qui reflètent vraiment ce qu'ils recherchent chez un partenaire et dans une relation.

Dans le profond voyage de compréhension de soi, émerge une vérité fondamentale : chaque individu est un ensemble unique d'expériences, d'attentes, de rêves et de peurs. Alors que le monde des rendez-vous peut souvent sembler être un puzzle compliqué, la clé pour le naviguer avec succès réside en grande partie dans notre capacité à nous comprendre et à nous accepter.

Dans le contexte des rendez-vous, la compréhension de soi influence non seulement le type de partenaire que nous attirons ou recherchons, mais aussi la façon dont nous abordons et surmontons les défis. Par exemple, la jalousie est une réaction émotionnelle que de nombreuses personnes éprouvent dans une relation. Cependant, pour ceux qui sont conscients de leurs propres insécurités et peurs, la jalousie peut être abordée non pas comme un signe de problèmes dans la relation, mais comme une opportunité de faire face à des problèmes personnels non résolus.

De même, la prise de conscience de nos modes d'attachement peut profondément influencer notre approche des relations. Sommes-nous évitants, anxieux ou sécurisés dans nos modes d'attachement ? Comprendre ces tendances peut éclairer non seulement pourquoi nous nous comportons d'une certaine manière dans une relation, mais aussi quels types de dynamiques relationnelles peuvent être plus sains pour nous.

Dans le monde moderne, où la conception de l'amour et des relations est constamment influencée et modelée par les films, les séries télévisées, les médias sociaux et la culture populaire, il est facile de perdre de vue ce que signifie vraiment avoir une connexion authentique avec un autre individu. Ici, la conscience de soi sert de point d'ancrage. Elle nous permet de séparer les attentes romantiques de la réalité et nous guide vers des relations basées sur la vérité, l'honnêteté et la compréhension mutuelle, plutôt que sur des idéaux irréalistes.

De nombreux experts en relations soulignent également l'importance de la pleine conscience ou de la "mindfulness" dans le monde des rendez-vous. Cette pratique, enracinée dans les traditions méditatives, concerne la capacité à rester présents et conscients du moment présent. Pour ceux qui pratiquent la pleine conscience dans leurs rendez-vous, il y a une plus grande capacité à écouter vraiment leur partenaire, à percevoir leurs propres émotions sans jugement et à agir de manière cohérente avec leurs valeurs et leurs désirs authentiques.

De plus, la conscience de nos "drapeaux rouges" personnels peut être une arme puissante dans le monde des rendez-vous. Ceux-ci découlent souvent d'expériences passées et représentent des comportements ou des traits que l'on sait ne pas être compatibles avec notre bonheur ou notre bien-être à long terme. Bien qu'il soit important de rester ouvert et de ne pas être trop rigide dans nos attentes, avoir une clarté sur ce qui peut être un drapeau rouge potentiel peut nous protéger contre des relations toxiques ou insatisfaisantes.

Enfin, nous ne pouvons pas négliger le pouvoir de la vulnérabilité. Être conscient de soi ne signifie pas seulement reconnaître et agir sur nos points forts, mais aussi accepter et embrasser nos imperfections. La vulnérabilité, lorsqu'elle est partagée dans un contexte de confiance et de respect, peut créer des liens profonds et durables, car elle permet à deux personnes de voir et d'accepter toute la gamme de la nature humaine, tant dans ses aspects positifs que négatifs.

Dans le contexte des rendez-vous et des relations, la conscience de soi et l'auto-évaluation ne sont pas de simples mots à la mode ou des idéaux éphémères. Ce sont plutôt des outils fondamentaux pour naviguer efficacement dans le tissu complexe des interactions humaines et pour construire des relations solides et durables.

Grâce à une introspection profonde, nous comprenons mieux qui nous sommes : nos forces, nos faiblesses, nos désirs, nos peurs et nos attentes. Cette conscience nous permet non seulement de choisir des partenaires compatibles, mais aussi de faire face aux conflits et aux défis avec plus d'équilibre et de sagesse. Plutôt que de réagir impulsivement ou de se laisser guider par les émotions du moment, nous sommes en mesure de répondre avec intention et clarté, en ayant toujours à l'esprit ce qui est dans notre meilleur intérêt et celui de la relation.

Reconnaître et comprendre nos schémas de comportement, nos besoins et nos modes d'attachement peut conduire à une plus grande clarté dans les relations. Nous sommes mieux équipés pour établir des limites saines, communiquer efficacement et éviter les pièges ou les dynamiques toxiques. Cette clarté conduit non seulement à des relations plus saines, mais aussi à un plus grand sentiment de satisfaction et d'épanouissement personnel.

De plus, à une époque où la technologie et les médias sociaux ont transformé et parfois compliqué le paysage des rendez-vous, la conscience de soi se pose comme un phare. Elle nous guide à travers les eaux tumultueuses des rencontres en ligne, nous aidant à discerner entre des connexions superficielles et des partenaires potentiels avec lesquels nous pouvons construire des liens authentiques et durables.

En conclusion, tandis que le monde des rendez-vous peut être en constante évolution, le besoin de conscience de soi et d'auto-évaluation reste constant. Ce sont les outils avec lesquels nous pouvons construire notre propre récit dans le monde des rendez-vous, un récit qui reflète notre vérité, nos valeurs et notre vision de l'amour et du partenariat. Entrer dans ce monde avec une solide compréhension de soi améliore non seulement la qualité de nos relations, mais nous permet également d'aborder la quête de l'amour avec confiance, courage et authenticité.

4. **Définition de ses propres valeurs** : • Quel est vraiment ce que tu attends d'une relation ? Le concept de "**valeurs**" évoque souvent des idées de moralité ou d'éthique, de ce qui est juste ou faux dans un contexte universel. Cependant, lorsque nous parlons de valeurs dans le contexte des relations personnelles, nous faisons référence à quelque chose de beaucoup plus intime et personnel : les principes directeurs qui déterminent ce que nous considérons comme le plus important et le plus significatif dans nos interactions avec les autres.

Définir ses propres **valeurs** dans une relation n'est pas un exercice théorique, mais plutôt un voyage d'introspection et de réflexion qui peut éclairer le chemin vers une connexion authentique et épanouissante. Voici quelques considérations clés :

1. **Priorités et aspirations personnelles** : Avant de chercher à comprendre ce que nous voulons d'un partenaire, nous devons comprendre ce que nous voulons pour nous-mêmes. Cela peut inclure des objectifs de carrière, des aspirations personnelles, des désirs familiaux, ou même la direction dans laquelle nous voulons que notre spiritualité se développe. La clarté dans ces domaines peut nous aider à choisir des partenaires qui respectent, partagent ou soutiennent ces aspirations.

2. **Besoins émotionnels** : Chaque individu a des besoins émotionnels fondamentaux : le désir d'être aimé, valorisé, compris, en sécurité. Identifier lesquels de ces besoins sont les plus cruciaux pour toi t'aide à les communiquer de manière efficace et à chercher des partenaires disposés à les satisfaire.

3. **Limites personnelles** : Les limites ne sont pas seulement des barrières de protection, mais aussi des affirmations de ce que nous considérons comme acceptable ou non. Cela peut concerner des questions telles que l'intimité physique, la gestion financière, les relations avec des amis ou des membres de la famille, ou tout autre aspect de la vie quotidienne en commun.

4. **Partage de valeurs fondamentales** : Alors que les opposés peuvent s'attirer, le partage de valeurs fondamentales est souvent ce qui maintient un couple ensemble à long terme. Il peut s'agir de questions telles que la foi, les opinions politiques, l'éthique du travail ou la vision de la parentalité.

5. **Définition du "succès" dans une relation** : Le succès d'une relation ne se mesure pas seulement en années passées ensemble, mais en la qualité de ces années. Veux-tu une relation calme et stable ? Ou une relation pleine d'aventures et de découvertes ? La définition de ton propre "**succès**" personnel t'aide à naviguer dans les eaux des relations avec une boussole claire.

6. **Croissance et changement** : Les relations, comme les individus, évoluent et changent avec le temps. Définir tes **valeurs** signifie également reconnaître et honorer ton potentiel de croissance et de changement, et chercher un partenaire qui non seulement grandit avec toi, mais t'encourage à grandir en tant qu'individu.

En fin de compte, lorsque nous réfléchissons à la question "**Qu'est-ce que tu attends vraiment d'une relation ?**", nous cherchons à comprendre comment nous voulons nous sentir, comment nous voulons être traités, et quel type de vie nous voulons construire avec une autre personne. Cela demande du courage, de l'honnêteté et, surtout, un profond sens de la **conscience de soi**. Cependant, c'est ce voyage intérieur qui conduit aux relations les plus profondes, significatives et satisfaisantes. Et dans un monde où les relations peuvent souvent sembler complexes et accablantes, avoir une compréhension claire de ses propres **valeurs** peut servir de boussole, nous guidant vers des connexions qui résonnent vraiment avec le cœur et l'âme.

Dans le tissu des relations humaines, la clarté des **valeurs** personnelles agit comme une sorte de filtre. Chaque fois que nous interagissons avec des partenaires potentiels ou naviguons dans le contexte d'une relation existante, ces **valeurs** soulignent, souvent de manière imperceptible, nos décisions, réactions et attentes. Considère les **valeurs** comme une sorte d'ADN des relations ; elles ne déterminent pas chaque action individuelle, mais elles influencent fortement le cours général des choses.

Après tout, nous vivons à une époque de choix illimités. Avec les applications de rencontres et la mondialisation, les connexions potentielles ne sont qu'à un clic de distance. Mais avec cette abondance d'options vient aussi une sorte de paradoxe : comment choisir et sur quelles bases ? Ici, les **valeurs** personnelles deviennent essentielles. Il ne s'agit pas seulement de choisir un partenaire sur la base d'une liste de critères, mais plutôt d'avoir un profond sentiment de ce qui résonne vraiment en toi.

Par exemple, pour certaines personnes, la **loyauté** pourrait être une valeur fondamentale. Elles ont peut-être grandi dans des familles où la **loyauté** était un pilier, ou elles ont peut-être vécu des expériences passées où le manque de **loyauté** a causé une profonde douleur. Pour ces personnes, la capacité à faire entièrement confiance à un partenaire et à se sentir en sécurité dans la réciprocité de cette confiance est essentielle.

Pour d'autres, la **croissance personnelle** pourrait être au cœur de leur réseau de **valeurs**. Elles pourraient rechercher des partenaires qui les défient, qui les initient à de nouvelles idées ou expériences, et qui sont tout aussi passionnés par l'apprentissage et le développement qu'elles-mêmes.

De la même manière, il y a des personnes pour qui l'**indépendance** a une signification particulière. Elles admirent et recherchent des partenaires qui respectent leur espace et leur autonomie, tout en désirant maintenir une certaine **indépendance** même dans une relation étroite.

Le concept de **famille** varie également considérablement d'une personne à l'autre. Pour certains, la **famille** signifie avoir des enfants et construire un foyer ensemble. Pour d'autres, cela pourrait signifier voyager ensemble dans le monde, ou construire une communauté d'amis et de proches. Pour d'autres encore, cela pourrait signifier avoir des animaux de compagnie ou s'engager dans des causes et des communautés.

Et puis il y a les petites choses, qui ne sont souvent pas si petites. Comment veux-tu passer ton temps libre ? Quelle est ton approche de l'argent et des finances ? Comment te sens-tu à propos des traditions et des célébrations ? Même ces aspects, bien qu'ils puissent sembler triviaux au départ, sont profondément enracinés dans nos **valeurs** personnelles et influencent nos relations de manière que nous pourrions ne pas reconnaître immédiatement.

Mais l'une des choses les plus belles à propos des **valeurs**, c'est que, même si elles peuvent être profondément personnelles, elles peuvent aussi être incroyablement universelles. Tout le monde, quelle que soit son origine, sa culture ou son histoire personnelle, a besoin d'amour, de connexion, de respect et de compréhension. Et bien que la manière dont nous interprétons ou vivons ces besoins puisse varier, le cœur de ces désirs reste le même. Et lorsque nous reconnaissons et honorons ces **valeurs**, à la fois en nous-mêmes et chez les autres, nous créons de l'espace pour des relations vraiment profondes et transformantes.

Définir ses propres **valeurs** dans le domaine des rendez-vous et des relations n'est pas une tâche statique, mais plutôt un voyage en évolution. Cela est particulièrement vrai dans un monde en constante évolution, où de nouvelles expériences et défis peuvent nous amener à reconsidérer ou à réaffirmer ce que nous considérons comme important.

Dans de nombreuses cultures, par exemple, la valeur de la **tradition** joue un rôle significatif dans les relations. L'histoire familiale, les traditions culturelles et religieuses, ainsi que les attentes de la communauté peuvent former un arrière-plan contre lequel nous mesurons nos relations. Pour certaines personnes, le respect de ces traditions est essentiel, tandis que pour d'autres, la liberté de choisir un chemin différent est tout aussi vitale. Cette tension entre **tradition** et modernité peut influencer le choix du partenaire, la dynamique relationnelle et même la vision de l'avenir ensemble.

Dans le contexte moderne des rencontres, nous avons également la valeur de la **technologie**. Comment les plateformes numériques influencent-elles notre perception des relations ? Pour beaucoup, la facilité de connexion offerte par les applications de rencontres peut sembler être à la fois une bénédiction et une malédiction. D'un côté, cela offre l'opportunité de rencontrer des personnes en dehors de notre cercle social immédiat. D'un autre côté, cela peut créer une illusion d'abondance, où la prochaine connexion potentielle est toujours à portée de main, rendant difficile de se concentrer et d'investir dans une relation présente.

Et qu'en est-il de la **compatibilité** ? À une époque où la science et la technologie nous offrent des tests de compatibilité basés sur l'ADN ou des algorithmes de matchmaking, comment équilibrer la confiance dans la science avec l'intuition et l'expérience personnelle ? La compatibilité peut reposer sur une série de paramètres mesurables, mais aussi sur le mystérieux "clic" ou "étincelle" que beaucoup considèrent comme le cœur d'une relation vraiment spéciale.

La question des **valeurs** s'étend également à nos attitudes à l'égard des conflits. Comment gérez-vous le désaccord dans une relation ? Croyez-vous en la confrontation directe ou préférez-vous une solution pacifique et harmonieuse ? Votre réponse à ces questions est étroitement liée à vos **valeurs** fondamentales concernant le respect, la communication et l'importance de l'harmonie dans une relation.

Enfin, il y a la question de l'**authenticité**. Dans un monde où l'on nous encourage souvent à présenter une version filtrée de nous-mêmes, aussi bien en ligne qu'en personne, comment restons-nous fidèles à nous-mêmes et à nos **valeurs** ? L'authenticité dans une relation ne signifie pas seulement être vrai avec votre partenaire, mais aussi avec vous-même. Cela signifie reconnaître vos défauts et vos insécurités, accepter vos ambitions et vos désirs, et avoir le courage de vous présenter de manière authentique, même lorsque cela peut sembler vulnérable.

Dans ce vaste panorama de considérations, il est évident que les **valeurs** ne sont pas de simples mots écrits sur une feuille de papier. Elles sont la boussole qui guide chaque décision, chaque interaction et chaque attente dans une relation. Et alors que les défis et les circonstances peuvent changer, avoir une compréhension claire de ses propres **valeurs** fournit une base solide sur laquelle construire des connexions authentiques et durables.

Définir ses propres **valeurs** n'est pas seulement un acte d'introspection, mais représente la construction d'une base solide pour toutes les futures relations. Dans le labyrinthe des relations modernes, ces **valeurs** servent de boussole, nous guidant à travers des choix complexes et des moments d'incertitude. Elles nous aident à reconnaître non seulement ce que nous voulons chez un partenaire, mais aussi ce que nous attendons de nous-mêmes au sein d'une relation.

Chaque valeur que nous identifions et honorons devient un pilier dans la structure de nos relations. Par exemple, si nous valorisons l'authenticité, nous nous engageons à vivre en toute sincérité, favorisant la transparence et la vérité dans chaque interaction. Si le respect est au cœur de nos **valeurs**, il guidera chacune de nos actions, en veillant à ce que chaque décision, qu'elle soit grande ou petite, soit prise en tenant compte des sentiments et des besoins des autres.

Cependant, reconnaître ses propres **valeurs** ne signifie pas que la navigation dans le monde des rencontres devienne immédiatement simple. Au contraire, cela peut présenter de nouveaux défis. Vous pourriez rencontrer des individus qui ne partagent pas ou ne respectent pas vos **valeurs**, ou vous pourriez vous retrouver à devoir réaffirmer vos **valeurs** dans des situations difficiles. Mais avoir une clarté sur ce que représente votre boussole interne vous fournit un guide inestimable, un point de référence qui vous permet de naviguer dans le monde des rencontres en toute confiance et authenticité.

En conclusion, dans le contexte d'un monde en constante évolution, où les rencontres peuvent sembler de plus en plus complexes et insaisissables, revenir aux fondements de ses propres **valeurs** fournit une clarté essentielle. Cette clarté influencera non seulement le choix du partenaire, mais aussi la dynamique et la qualité des relations que vous construisez. En définissant et en adhérant à vos **valeurs**, vous créez un contexte dans lequel les relations peuvent s'épanouir dans la sincérité, le respect et l'amour authentique.

5. L'importance de la communication : Comment communiquer les propriétés nécessaires, souhaitées et définies

La **communication** est la vie même de toute **relation**. Au-delà des promenades romantiques au coucher du soleil ou des dîners aux chandelles, c'est par la **communication** que deux personnes construisent une compréhension mutuelle, résolvent les conflits et approfondissent leur lien. Mais la communication ne se limite pas seulement à l'acte de parler ; elle concerne également l'écoute, la perception et la capacité à exprimer de manière authentique ce que l'on ressent à l'intérieur.

Exprimer ses besoins

Les besoins sont fondamentaux pour notre bien-être. Ils peuvent concerner la sécurité émotionnelle, le besoin d'amour, d'attention ou d'autonomie. Communiquer ses besoins n'est pas un signe de faiblesse, mais plutôt un acte de conscience de soi et de courage. Voici quelques étapes pour le faire efficacement :

1. **Auto-réflexion** : Avant de communiquer vos besoins aux autres, vous devez d'abord les comprendre vous-même. Prenez un moment pour réfléchir à ce qui vous fait vous sentir équilibré, aimé et en sécurité.

2. **Soyez spécifique** : Au lieu de dire "J'aimerais que nous passions plus de temps ensemble", vous pourriez dire "J'aimerais avoir une soirée par semaine rien que pour nous deux".

3. **Utilisez le "je" dans la communication** : Exprimez vos besoins en termes de ce que vous ressentez ou désirez, plutôt qu'en termes de ce que l'autre ne fait pas. Par exemple, "Je me sens apprécié quand tu m'écoutes attentivement" plutôt que "Tu ne m'écoutes jamais".

Exprimer ses désirs

Les désirs concernent les choses que nous souhaitons, mais qui ne sont pas essentielles comme les besoins. Communiquer ses désirs peut enrichir la relation et apporter une plus grande satisfaction aux deux partenaires.

1. **Partagez vos rêves** : Parlez de vos aspirations, des choses que vous souhaitez faire ou expérimenter ensemble.

2. **Soyez ouverts aux compromis** : Bien que les désirs soient importants, il est essentiel d'être flexibles et prêts à trouver un terrain d'entente.

Établir des limites

Les limites sont essentielles pour une relation saine. Elles protègent votre intégrité personnelle et créent une distinction claire entre ce qui est acceptable et ce qui ne l'est pas.

1. **Définissez clairement** : Si vous ne voulez pas que votre partenaire lise vos messages sans votre permission, exprimez-le clairement.

2. **Soyez cohérents** : Une fois les limites établies, il est essentiel de les maintenir. La cohérence contribue à construire la confiance et le respect mutuel.

3. **Respectez les limites des autres** : Tout comme vous voulez que vos limites soient respectées, assurez-vous de faire de même pour votre partenaire.

Alors que nous abordons les facettes de la communication dans les relations, il devient évident que communiquer n'est pas simplement l'acte de transmettre des informations. C'est plutôt un enchevêtrement complexe de langage, d'empathie, d'écoute active et de capacité à négocier des significations communes. Dans les relations, en particulier dans les relations romantiques, les enjeux sont encore plus élevés, car la qualité de la communication peut avoir un impact direct sur la durabilité et la satisfaction de la relation.

Le Langage Corporel

Le langage corporel est une partie essentielle de la communication, souvent négligée. Des études suggèrent qu'une grande partie de notre communication n'est pas verbale. Cela inclut les gestes, les expressions faciales, le contact visuel et la posture. Par exemple, tandis que les paroles d'un partenaire peuvent exprimer un accord, leur langage corporel - comme éviter le contact visuel ou croiser les bras - peut suggérer le contraire. Être attentif au langage corporel de votre partenaire et au vôtre peut considérablement améliorer la compréhension mutuelle.

Empathie et Écoute Active

L'empathie est la capacité de se mettre à la place de l'autre, de ressentir ce qu'il ressent et de comprendre sa perspective. Cette compétence est fondamentale dans les relations. Associée à l'écoute active, où l'on prête une attention complète à l'autre sans l'interrompre ni formuler de réponses mentales, l'empathie peut créer un environnement sûr où les deux partenaires se sentent vus et compris.

Communication Numérique et Relations

À l'ère moderne, la communication numérique a pris un rôle prépondérant dans les relations. Les messages texte, les chats, les appels vidéo et les médias sociaux offrent de nouvelles façons de se connecter. Cependant, la communication numérique présente également des défis uniques. Sans les signaux non verbaux, il est facile de mal interpréter le ton ou le sens d'un message. Les couples doivent donc apprendre à naviguer dans ce paysage numérique, en veillant à ce que la technologie enrichisse plutôt qu'entrave leur connexion.

Feedback et Critique Constructive

Chaque relation traverse des moments où il est nécessaire de donner des retours d'information ou de traiter des problèmes. La clé réside dans le faire de manière constructive. L'utilisation de la technique du "sandwich", où la critique est encadrée entre deux commentaires positifs, peut contribuer à rendre la communication moins conflictuelle. Il est également utile d'éviter un langage accusateur et des généralisations, telles que "tu fais toujours" ou "tu ne fais jamais".

Gestion des Conflits

Même dans les meilleures relations, des conflits surviennent. Ce qui distingue les relations saines des moins saines, c'est la manière dont ces conflits sont gérés. La clé est de voir le conflit comme une opportunité de croître ensemble, plutôt que comme un champ de bataille. Cela implique d'éviter de blâmer, d'écouter activement et de rechercher des solutions gagnant-gagnant.

Au cœur de la communication réside le désir de connexion, de compréhension mutuelle. Malgré les défis qui peuvent surgir, que ce soit dans les premières étapes ou les étapes avancées d'une relation, c'est grâce à une communication continue, ouverte et honnête que les couples peuvent construire une base solide pour un amour durable.

La communication, comme on l'observe souvent, est à la fois un art et une science. Cet aspect multidimensionnel se révèle surtout dans les relations interpersonnelles, où les paroles prononcées (ou non prononcées) peuvent avoir un impact profond et durable. Mais au-delà des mots prononcés, il y a de nombreux autres niveaux de communication qui influencent les interactions romantiques.

Intelligence Émotionnelle

Au cœur d'une communication efficace se trouve l'intelligence émotionnelle (IE). L'IE comprend la capacité à reconnaître, comprendre et gérer ses propres émotions, ainsi qu'à reconnaître, comprendre et influencer les émotions des autres. Dans les relations amoureuses, une forte IE peut aider à naviguer à travers des défis de communication tels que les malentendus, les blessures émotionnelles ou les divergences d'opinions. La capacité à s'accorder avec ses propres émotions et celles de son partenaire peut réduire significativement les conflits et favoriser une compréhension mutuelle.

Accord et Présence

À une époque dominée par la technologie, où les distractions sont toujours à portée de main, être véritablement présent lors d'une conversation est devenu un art rare. L'accord concerne la capacité à être complètement présent et attentif à son partenaire, en manifestant un intérêt authentique pour ce qu'il dit. Ce type d'attention totale valorise non seulement ce que l'autre a à dire, mais renforce également le lien émotionnel entre les partenaires.

Codes Culturels et Communication

Les individus proviennent de différents milieux culturels, et chaque culture a son propre ensemble unique de codes de communication. Cela peut concerner la manière dont les émotions sont exprimées, la façon de gérer les conflits, voire la fréquence et l'ouverture des discussions sur certains sujets. Reconnaître et respecter ces codes culturels est essentiel, en particulier dans les relations interculturelles, pour éviter les malentendus et enrichir la relation grâce au partage et à l'appréciation des différences.

Vulnérabilité

Être vulnérable signifie se montrer authentique, avec toutes ses imperfections, ses peurs et ses désirs. La vulnérabilité peut être perçue comme un risque, mais c'est aussi une forme puissante de communication qui peut conduire à une plus grande intimité et compréhension. Grâce à la vulnérabilité, les partenaires peuvent partager leurs insécurités les plus profondes, leurs espoirs et leurs rêves, créant ainsi un espace de sécurité et de confiance.

Résonance et Réflexion

Un autre aspect fondamental de la communication est la capacité à refléter ce que le partenaire a partagé, montrant ainsi qu'il a été écouté et compris. Cela peut être fait à travers la résonance, qui consiste à "résonner" avec ce que l'autre a dit, et à travers la réflexion, qui implique de répéter ou de paraphraser ce qui a été dit pour confirmer la compréhension.

La Communication dans une Relation

La communication dans une relation ne se limite pas à la simple transmission et réception d'informations. C'est une danse complexe d'émotions, de langage verbal et non verbal, de présence, d'accord et d'authenticité. Et alors que les mots sont puissants, ce sont souvent les gestes silencieux, les regards partagés et les moments de compréhension silencieuse qui parlent plus fort que n'importe quelle phrase prononcée.

Dans l'ensemble, la communication va bien au-delà de l'expression verbale. C'est un réseau complexe d'empathie, de compréhension, d'écoute et de vulnérabilité. Dans une relation, en particulier de nature romantique, la qualité de la communication détermine souvent la profondeur et la durée du lien.

Pour de nombreuses personnes, l'apprentissage de compétences de communication efficaces est un voyage qui demande du temps, de la conscience et de la pratique. La première étape consiste à reconnaître l'importance de communiquer de manière claire et honnête, en respectant toujours le point de vue et les émotions de l'autre. La clé est de chercher à comprendre avant d'être compris. Cette perspective mutuelle facilite la création d'un environnement sûr où les deux parties peuvent librement exprimer leurs sentiments, leurs désirs et leurs préoccupations.

En plus des mots, une communication efficace exige une compréhension profonde des signaux non verbaux, tels que le langage corporel et le ton de la voix. Ces éléments, souvent négligés, peuvent transmettre des messages tout aussi puissants, voire plus, que les mots eux-mêmes. Par conséquent, développer la sensibilité pour décoder et répondre à ces signaux peut grandement enrichir les interactions.

La communication est également influencée par de multiples facteurs externes, tels que le contexte culturel et les expériences personnelles. Cela signifie que chaque individu aura son propre style unique et un ensemble d'attentes lorsqu'il s'agit de communiquer. Reconnaître et apprécier ces différences est essentiel pour construire des ponts de compréhension et éviter les sources potentielles de conflit.

En conclusion, la communication est le socle sur lequel reposent toutes les relations significatives. Elle demande un engagement continu, une volonté d'apprendre et la capacité de s'adapter et de grandir. Ce n'est qu'à travers une communication efficace que les couples peuvent espérer construire une connexion durable et profonde, basée sur la confiance, le respect et un amour authentique.

6. Attentes vs. Réalité : La différence entre ce que nous voyons dans les films et ce qui se passe dans la réalité

Les représentations romantiques que nous voyons dans les films, les séries TV et les romans ont eu un impact énorme sur nos perceptions et nos attentes en ce qui concerne les relations amoureuses. Ces médias ont tendance à idéaliser l'amour, le présentant comme un voyage sans obstacles, ou avec des obstacles qui peuvent être facilement surmontés par de grands gestes d'amour. Mais dans quelle mesure cette représentation se reflète-t-elle réellement dans la vie quotidienne ? Et comment ces attentes influencent-elles nos relations réelles ?

La Présentation du Début Parfait

Dans les films, les histoires d'amour commencent souvent par des rencontres fortuites qui semblent être destinées par le destin. Que ce soit sous la pluie à un carrefour bondé en ville ou en se heurtant accidentellement dans un café, ces moments sont présentés comme magiques et prédestinés. En réalité, bien que de telles rencontres puissent effectivement se produire, de nombreuses relations commencent de manière beaucoup plus ordinaire, par le biais d'amis communs, au travail ou en ligne.

Grands Gestes vs. Petits Moments

Les films aiment montrer de grands gestes romantiques : courir à l'aéroport, chanter sous la fenêtre, ou des demandes en mariage élaborées. Mais dans la vie quotidienne, l'amour se construit souvent à travers de petits gestes quotidiens, comme préparer du café pour son partenaire le matin ou écouter ses préoccupations après une longue journée. Ces moments, bien que moins théâtraux, sont essentiels pour construire une connexion authentique.

Conflits et Résolutions

Dans les médias, les conflits entre partenaires tendent à être dramatiques et intenses, souvent résolus par une révélation ou un geste héroïque. Dans la réalité, les conflits peuvent être plus nuancés et nécessiter une communication profonde, une compréhension et un compromis pour être résolus. Il n'y a pas de solution rapide ou magique ; au contraire, les relations solides sont basées sur la capacité à travailler ensemble à travers les difficultés.

Fiction vs. Imperfection

Les films présentent souvent des personnages avec peu de véritables défauts, ou des défauts qui sont en réalité charmants ou facilement acceptés. Dans la réalité, chacun de nous a des imperfections, des insécurités et des défis personnels. Accepter et aimer quelqu'un malgré, ou peut-être à cause de, ces imperfections, c'est ce qui rend l'amour authentique et durable.

La Durée de l'Amour

Alors que les histoires dans les médias se concentrent souvent sur l'attirance, la passion et l'intensité des amours nouveaux, elles offrent moins de représentations des défis et des joies des relations à long terme. La réalité de l'amour, c'est qu'il évolue, change et se approfondit avec le temps, à travers les défis et les joies de la vie quotidienne.

Alors que les histoires romantiques des médias nous plongent dans des mondes de passion inarrêtable et d'amours éternelles, la réalité des relations se présente souvent sous des nuances bien différentes. Certaines de ces nuances, rarement reflétées à l'écran, incluent :

Évolution Personnelle : Les films montrent rarement l'importance de la croissance personnelle dans une relation. Dans le monde réel, l'évolution individuelle est cruciale. Deux personnes peuvent commencer une relation à un certain point, mais les deux changeront avec le temps. La clé est de grandir ensemble, d'apprendre et de s'adapter l'un à l'autre, plutôt que de grandir séparément.

La Vie Quotidienne : Si les films étaient une représentation précise de la vie, nous pourrions penser que les relations ne sont faites que de dîners aux chandelles, de voyages exotiques et de discussions passionnées sous la pluie. Mais les relations réelles sont aussi faites de routines quotidiennes : faire les courses ensemble, discuter de qui devrait vider le lave-vaisselle, ou décider quoi regarder à la télévision lors d'une soirée tranquille.

Compromis : Les films montrent rarement les petits et grands compromis que les couples font chaque jour. Qu'il s'agisse de décider où vivre, comment gérer les finances ou comment passer les vacances, les relations réelles nécessitent un équilibre constant entre les besoins et les désirs des deux partenaires.

Défis Externes : En plus des défis internes d'une relation, il y a aussi des défis externes tels que le travail, la santé, la famille et les amis. Ces facteurs peuvent créer des tensions et des complications rarement explorées en profondeur dans les médias.

Amis et Famille : Dans les films, l'histoire d'amour est souvent au centre de l'intrigue, avec peu d'espace pour explorer comment les relations extérieures influencent le couple. Dans la vie réelle, les amis et la famille jouent un rôle énorme. Ils peuvent soutenir la relation ou créer des tensions, et apprendre à équilibrer ces relations extérieures est crucial.

La Salute Mentale : Peu de films abordent l'importance de la santé mentale dans une relation. Des problèmes tels que la dépression, l'anxiété ou le trouble bipolaire peuvent avoir un impact significatif sur un couple. Comprendre et faire face à ces défis est essentiel pour la santé de la relation.

La Technologie : À l'ère des médias sociaux, des applications de rencontres et de la communication numérique, la technologie a transformé la manière dont les gens entament et entretiennent des relations. Ce nouveau paysage présente à la fois des opportunités et des défis, des relations longue distance rendues plus gérables grâce à la technologie, aux tensions créées par des malentendus numériques ou des jalousies sur les réseaux sociaux.

La réalité des relations est qu'elles sont complexes, nuancées et en évolution constante. Les subtilités des relations réelles, avec toutes leurs imperfections et leurs défis, sont ce qui les rend authentiquement belles.

Le Temps et Ses Exigences : La notion de temps, telle qu'elle est représentée dans les films, semble toujours abondante. Les couples dans les films semblent avoir tout le temps du monde pour résoudre les problèmes, vivre des aventures ou retrouver une passion perdue. En réalité, le temps est une ressource précieuse. Trouver du temps de qualité pour nourrir la relation entre les exigences du travail, de la famille et des engagements personnels peut être un défi.

Dynamiques de Pouvoir : Les dynamiques de pouvoir dans les relations sont rarement représentées de manière réaliste dans les films. Alors que dans la fiction, nous voyons souvent des personnages dominants prenant toutes les décisions, la réalité des relations modernes tend à aspirer à un équilibre. Cet équilibre nécessite un travail et une communication constants pour garantir que les deux parties se sentent écoutées et valorisées.

Différences Culturelles et Religieuses : Les films ont tendance à standardiser et simplifier les relations, souvent en négligeant les défis et les beautés découlant des différences culturelles ou religieuses. Dans les relations réelles, ces différences peuvent nécessiter compréhension, apprentissage et adaptation.

L'Évolution du Désir : Contrairement à l'idée persistante selon laquelle la passion est toujours intense dans les films, dans la vie réelle, le désir peut fluctuer et évoluer. Il peut y avoir des périodes d'éloignement et des périodes de renouvellement de l'intimité. Faire face à ces changements et les accepter est essentiel pour la longévité d'une relation.

L'Impact de la Technologie sur la Vie Privée :
L'ère numérique a introduit de nouveaux défis en
matière de vie privée dans les relations. La tentation
de "surveiller" un partenaire via les médias sociaux ou
la communication électronique peut créer de la
méfiance et des tensions. Définir les limites
numériques est une partie essentielle de la définition
des attentes dans une relation moderne.

La Gestion de la Douleur et de la Perte : Alors
que les films peuvent montrer une vision romantique
du deuil ou de la perte, la réalité est beaucoup plus
complexe. Qu'il s'agisse de la perte d'un emploi, d'un
membre de la famille ou d'un ami, ou d'un
traumatisme passé, la façon dont nous faisons face à la
douleur influencera profondément nos relations.

L'Économie de la Relation : Les films n'explorent
que rarement en profondeur les défis économiques au
sein des relations. Des décisions telles que qui paie
lors d'un rendez-vous, la gestion des finances
communes ou la planification pour l'avenir jouent un
rôle crucial dans de nombreuses relations.

La Santé et le Bien-Être : Outre la santé mentale, la
santé physique peut également avoir un impact
profond sur une relation. Des maladies, des problèmes
de santé à long terme ou même des habitudes de
fitness divergentes peuvent créer des tensions et
nécessiter des ajustements des deux côtés.

En fin de compte, la complexité des relations réelles dépasse de loin celle de leurs homologues cinématographiques. Alors que les films offrent souvent une version édulcorée et simplifiée de l'amour, la réalité offre une intrigue riche, profonde et souvent imprévisible que les couples parcourent ensemble. Cette danse complexe entre deux individus est ce qui rend chaque relation unique et, à bien des égards, encore plus fascinante que n'importe quel scénario hollywoodien.

En conclusion, la comparaison entre les attentes nourries par les films et la réalité des relations quotidiennes est un sujet aussi fascinant que complexe. Les médias, bien qu'ils soient une source d'inspiration et de divertissement, peuvent parfois créer des attentes déformées ou idéalisées. Le risque est de percevoir la réalité des relations comme un échec ou une déception lorsqu'elles ne correspondent pas à ces normes cinématographiques.

Les relations authentiques sont riches en nuances, en conflits, en joies, en défis et en moments de croissance. Elles sont tissées de silences et de mots non dits, de compromis et de petites victoires quotidiennes. Loin des projecteurs d'Hollywood, dans les foyers et les vies de tous les jours, les relations se nourrissent d'authenticité, de compréhension et d'un engagement constant envers l'adaptation et la croissance commune.

Alors que les films peuvent offrir des moments d'évasion et de romantisme, les relations réelles exigent du travail, de la patience et une compréhension profonde non seulement du partenaire, mais aussi de soi-même. Elles exigent la capacité de communiquer, d'établir des limites, de relever les défis ensemble et de célébrer les succès. Là où les films se terminent souvent par un "et ils vécurent heureux pour toujours", la réalité des relations est qu'elles sont un voyage en constante évolution plutôt qu'une destination définitive.

En fin de compte, il est essentiel de profiter et de s'inspirer des médias, mais il est tout aussi crucial d'avoir une vision claire et réaliste de ce qu'implique et nécessite une relation. Ce n'est qu'en comprenant et en acceptant les nuances et les complexités des relations réelles que nous pouvons aspirer à construire des liens profonds, significatifs et durables.

7. **La Rencontre en Ligne : Naviguer entre Virtualité et Réalité Navigation Virtuelle :** Les rencontres en ligne ont radicalement transformé le paysage des rencontres amoureuses. Grâce aux plateformes numériques, il est possible de "rencontrer" quelqu'un sans jamais quitter sa maison, parcourir des profils comme on feuillette les pages d'un livre et discuter avec des personnes du monde entier. Cette commodité a rendu la

recherche de l'âme sœur accessible à quiconque dispose d'une connexion Internet.

Les Avantages des Rencontres en Ligne :

1. **Large Sélection :** Les applications et les sites de rencontres offrent un grand nombre de profils parmi lesquels choisir, augmentant ainsi les chances de trouver quelqu'un ayant des intérêts et des objectifs similaires.

2. **Confort :** On peut rechercher, discuter et organiser des rendez-vous depuis le confort de son domicile, ce qui rend la recherche de l'amour plus flexible par rapport aux méthodes traditionnelles.

3. **Filtrage :** De nombreuses plateformes permettent de filtrer les profils en fonction de critères spécifiques tels que les intérêts, l'âge, les croyances religieuses, etc., ce qui rend la recherche plus ciblée.

4. **Communication Préliminaire :** Avoir la possibilité de discuter en ligne avant une rencontre réelle peut aider à briser la glace et à établir un premier niveau de confort.

5. **Opportunités pour des Niches Spécifiques** : Il existe des sites et des applications spécialisés dans des niches particulières ou des intérêts

spécifiques, comme les amoureux des animaux, les végétaliens ou les passionnés d'art, facilitant ainsi la connexion entre des personnes partageant des passions communes.

Les Inconvénients des Rencontres en Ligne :

1. **Dishonnêteté :** Tout le monde n'est pas sincère dans son profil. Les gens peuvent mentir sur leur âge, leur apparence, leur travail et d'autres détails personnels.

2. **Surcharge d'Options :** Parfois, l'abondance de choix peut devenir écrasante, conduisant à ce qu'on appelle la "paralysie de l'analyse" ou au phénomène consistant à penser que l'herbe est toujours plus verte ailleurs.

3. **Déconnexion Émotionnelle :** Communiquer à travers un écran peut limiter la capacité à décoder les signaux non verbaux et à établir une véritable connexion émotionnelle.

4. **Risques pour la Sécurité :** Rencontrer des étrangers rencontrés en ligne peut comporter des risques. Il est essentiel de prendre des précautions, comme se rencontrer dans des lieux publics et informer des amis ou de la famille de la rencontre.

5. **Coûts Cachés :** Bien que de nombreuses plateformes de rencontres soient gratuites, d'autres nécessitent des abonnements ou des paiements pour des fonctionnalités premium, qui peuvent s'accumuler avec le temps.

Naviguer avec Sagesse : Malgré les défis, les rencontres en ligne restent un outil précieux dans le monde moderne des rencontres. La clé est d'aborder le processus avec un esprit ouvert, mais aussi avec prudence. Il est essentiel de rester authentique, d'être clair sur ses propres valeurs et désirs, et de ne pas avoir peur de faire des pauses si l'expérience devient trop intense ou stressante.

En Conclusion, les rencontres en ligne, comme tout autre outil, ont leurs avantages et leurs inconvénients. Leur efficacité dépendra en grande partie de la manière dont elles sont utilisées et de l'attitude adoptée. Avec la bonne combinaison de prudence et d'optimisme, cela peut devenir un moyen efficace de trouver cette connexion spéciale.

Algorithmes et Connexions : Une des magies derrière de nombreux sites de rencontres en ligne est l'utilisation d'algorithmes. Ces calculs mathématiques complexes évaluent les réponses des utilisateurs à certaines questions et cherchent à assortir les individus en fonction de leur compatibilité.

Cependant, ces algorithmes ne sont pas infaillibles. Même si deux personnes peuvent sembler compatibles sur le papier, la chimie et la connexion en temps réel peuvent ne pas être au rendez-vous. De même, vous pourriez rencontrer quelqu'un avec qui vous semblez avoir peu en commun et découvrir que la connexion est étonnamment forte.

L'Effet Paradoxe : Paradoxalement, avoir trop de choix peut conduire à un sentiment d'insatisfaction. C'est ce que l'on appelle le "paradoxe du choix". Dans une multitude de profils, la recherche de la "personne parfaite" peut sembler infinie. Vous pourriez passer d'un profil à l'autre en pensant que le suivant pourrait être meilleur ou plus adapté. Cette recherche constante peut en réalité entraver la capacité à s'installer avec quelqu'un et à construire une relation significative.

L'Importance des Photos : La première impression est tout dans le monde des rencontres en ligne. Les photos sont souvent le premier point de contact. Cependant, il est essentiel de se rappeler qu'une photo n'est qu'un instantané, un moment capturé dans le temps. Elle ne raconte pas toute l'histoire d'une personne ni la profondeur de son caractère. De plus, l'utilisation généralisée de filtres et la manipulation des photos peuvent altérer la réalité, créant des attentes peu réalistes.

Ghosting et Autres Tendances : Un des défis les plus frustrants et douloureux des rencontres en ligne est le phénomène du "ghosting", lorsque quelqu'un disparaît soudainement sans explication. Cette tendance, ainsi que d'autres comme le "breadcrumbing" (envoyer sporadiquement des messages sans réel engagement) ou le "zombie-ing" (revenir dans la vie de quelqu'un après une période d'absence), reflète certaines des complexités émotionnelles et des comportements évitants qui ont émergé dans l'ère numérique des rencontres.

Changement de Mentalité : Pour beaucoup de gens, la clé pour naviguer avec succès dans le monde des rencontres en ligne est de changer de mentalité. Au lieu de le voir comme un moyen de trouver l'âme sœur, il peut être utile de le considérer comme une opportunité de rencontrer de nouvelles personnes, d'expérimenter et d'en apprendre davantage sur soi-même. Cela ne signifie pas abaisser les normes, mais plutôt ouvrir l'esprit à différentes possibilités et approches.

Retours et Avis : Certaines plateformes offrent des fonctionnalités permettant aux utilisateurs de laisser des retours ou des avis sur leurs rencontres. Cela peut être utile pour avoir une idée de la manière dont on se présente lors des rendez-vous et sur ce sur quoi on pourrait travailler. Cependant, il est crucial de prendre ces avis avec un grain de sel et de ne pas permettre qu'ils influencent excessivement l'estime de soi ou la perception de soi.

Réseaux Sociaux et Rencontres en Ligne : Avec l'avènement des réseaux sociaux, la frontière entre les rencontres en ligne et les réseaux sociaux s'est considérablement estompée. Des plateformes comme Instagram, Facebook et Twitter sont devenues, de manière non officielle, de nouveaux lieux de rencontre. Cela a conduit à l'émergence de relations spontanées nées de commentaires, de messages directs et de partages. Cependant, cela a également introduit de nouvelles dynamiques, comme la tentation d'« espionner » le profil de quelqu'un pour obtenir une image plus complète (ou déformée) de qui ils sont en dehors du contexte des rencontres.

Vidéo Chat et Rencontres Virtuelles : L'ère post-pandémique a vu un essor des rencontres virtuelles. Les appels vidéo sont devenus une première étape populaire avant de décider de se rencontrer en personne, offrant un autre niveau de filtrage. Cette approche a également présenté des défis uniques, tels que la nécessité de maintenir une connexion et une interaction significatives à travers un écran, sans le bénéfice de la présence physique et des signaux non verbaux.

Croissance des Applications Spécialisées : En plus des géants célèbres des rencontres en ligne, il y a eu une croissance exponentielle d'applications spécialisées pour cibler des démographies ou des intérêts spécifiques. Par exemple, il existe des applications pour les amoureux de la nature, les passionnés de fitness, certaines ethnies, orientations sexuelles, ou même des amateurs de genres musicaux spécifiques. Cette spécialisation peut aider les gens à trouver quelqu'un avec des intérêts très spécifiques, mais peut également limiter la diversité des personnes rencontrées.

Gestion des Déceptions : Dans le monde des rencontres en ligne, il est inévitable de faire face à des déceptions. Qu'il s'agisse d'attentes non satisfaites, de rencontres qui ne se transforment pas en relations ou de relations qui se terminent avant de vraiment commencer, apprendre à gérer ces moments est crucial. Cela demande de la résilience, de la conscience de soi et la capacité à ne pas prendre les choses trop personnellement. Après tout, chaque interaction peut être vue comme une opportunité de croissance et d'apprentissage.

Défis de la Vie Privée : Protéger sa propre vie privée est une préoccupation croissante à l'ère numérique, et les rencontres en ligne ne font pas exception. Du partage précoce d'informations personnelles au risque d'arnaques et d'usurpation d'identité, il est essentiel d'être informé et prudent sur la manière et avec qui vous partagez des informations.

Impact Psychologique : L'exposition constante à des profils de "personnes parfaites" peut avoir un impact sur notre estime de soi. Se comparer aux autres est un piège courant, conduisant à des questions telles que "Pourquoi n'obtiens-je pas autant de 'correspondances' que mon ami ?" ou "Pourquoi ne semble-t-il pas que j'aie les mêmes résultats ?". Ces comparaisons peuvent créer des sentiments d'insuffisance ou de doutes sur soi.

Le monde des rencontres en ligne est un microcosme qui reflète la complexité de l'ère numérique dans laquelle nous vivons. Il marie la technologie, les émotions humaines, les aspirations et les insécurités dans un contexte en constante évolution. De plus, il représente une convergence entre notre besoin inné de connexion et notre dépendance croissante à la technologie comme moyen de réaliser cette connexion. D'un côté, les rencontres en ligne offrent des avantages indéniables. La vaste gamme d'options, la possibilité de filtrer les partenaires potentiels en fonction de critères spécifiques et l'opportunité de se connecter avec des personnes en dehors de notre cercle social immédiat sont tous des aspects qui ont transformé la manière dont nous construisons des relations au XXIe siècle. De plus, pour de nombreuses personnes, en particulier celles appartenant à des groupes démographiques spécifiques ou à des niches d'intérêt, les rencontres en ligne représentent un moyen de trouver une communauté et de construire des relations dans un environnement qui, auparavant, pouvait sembler exclusif ou limitant. Cependant, comme chaque médaille a son revers, la numérisation des rencontres a également apporté son lot de défis. La surabondance de choix peut, paradoxalement, rendre plus difficile de prendre une décision définitive. La représentation en ligne de nous-mêmes, souvent filtrée et idéalisée, peut créer des attentes peu réalistes et conduire à des déceptions. La facilité avec laquelle nous pouvons "feuilleter" des profils humains peut, dans certains cas, entraîner la déshumanisation des partenaires potentiels, les réduisant à de simples photos et de brèves descriptions. Et bien sûr, le risque d'arnaques, de fraudes et de violations de la vie privée est toujours présent. En conclusion, comme tout outil, les rencontres en ligne sont ce que nous en faisons. Pour naviguer avec succès dans ce monde, il est essentiel de combiner la prudence numérique avec la conscience émotionnelle. Il faut reconnaître qu'il y a une vraie personne derrière chaque profil, avec des émotions, des espoirs et des peurs. À l'ère numérique, plus que jamais, il est essentiel de maintenir l'humanité au cœur de notre quête de l'amour et de la connexion.

8. La sécurité avant tout : • Conseils et astuces pour assurer votre sécurité lors des rendez-vous.

Naviguer dans le monde des rendez-vous, que ce soit en ligne ou hors ligne, peut être une expérience excitante et gratifiante. Cependant, il est essentiel de garantir votre sécurité à chaque étape du processus. Voici quelques conseils et astuces que chaque femme devrait envisager pour se protéger tout en explorant le monde des rendez-vous :

Informations Personnelles : Lors de la création d'un profil sur une plateforme de rencontres en ligne, il est essentiel d'être prudente quant aux détails personnels que vous partagez. Évitez d'inclure des informations telles que votre adresse, lieu de travail ou d'autres détails qui pourraient permettre à quelqu'un de vous localiser sans votre consentement.

Premières Rencontres dans des Lieux Publics : Lorsque vous décidez de rencontrer quelqu'un pour la première fois, choisissez un lieu public tel qu'un café, un parc ou un restaurant. Ces endroits sont généralement sûrs et permettent d'avoir d'autres personnes autour en cas de besoin.

Informer Quelqu'un : Avant de sortir, informez toujours un ami ou un membre de votre famille de l'endroit de la rencontre et de l'heure prévue de votre retour. Cela garantit que quelqu'un sait où vous êtes et peut intervenir ou prévenir les autorités si nécessaire.

Utilisation de Votre Propre Moyen de Transport : Surtout pour les premières rencontres, il est recommandé d'utiliser votre propre moyen de transport plutôt que de faire venir quelqu'un chez vous ou de partager une voiture. Cela vous offre un meilleur contrôle de la situation et vous permet de vous éloigner rapidement si nécessaire.

Écoutez Votre Instinct : Si quelque chose ne semble pas correct ou si vous vous sentez mal à l'aise, écoutez votre instinct. Il n'y a rien de mal à mettre fin à un rendez-vous ou à une conversation si vous ne vous sentez pas à l'aise.

Évitez l'Alcool et la Drogue : La consommation d'alcool ou de drogues peut compromettre votre jugement et augmenter le risque de vous retrouver dans des situations dangereuses. Si vous décidez de boire, soyez prudente quant à la quantité et assurez-vous de ne jamais laisser vos boissons sans surveillance.

Recherche en Ligne : Avant de rencontrer quelqu'un, il peut être utile de faire des recherches en ligne pour vous assurer qu'il n'y a pas de signalements ou de comportements suspects associés à cette personne.

Utilisation d'Applications de Sécurité : Il existe plusieurs applications conçues pour renforcer la sécurité lors des rendez-vous. Ces applications peuvent envoyer votre emplacement en temps réel à des personnes de confiance, offrir une alarme d'urgence ou même enregistrer l'audio en cas de besoin.

Planifier un Appel de Vérification : Demandez à un ami de vous appeler à une heure prédéfinie pendant votre rendez-vous. Cela vous donnera l'occasion de vérifier que tout se passe bien et, si nécessaire, d'utiliser l'appel comme excuse pour mettre fin à la rencontre.

La clé pour naviguer avec succès dans le monde des rendez-vous est l'équilibre entre l'ouverture d'esprit et la prudence. Bien qu'il soit important d'être ouverte aux nouvelles expériences et aux nouvelles personnes, il est tout aussi essentiel de garantir votre sécurité et votre bien-être dans chaque situation. Avec une préparation adéquate et en suivant ces conseils, il est possible de profiter du processus des rendez-vous tout en restant en sécurité.

Garder les Informations Bancaires Sécurisées : À l'ère numérique, il est devenu courant de partager des informations de paiement pour divers services. Lors des rendez-vous, en particulier en ligne, vous ne devriez jamais partager des informations bancaires ou de carte de crédit avec quelqu'un que vous venez de rencontrer. Les escrocs se font souvent passer pour des personnes sincères à la recherche d'amour, mais peuvent avoir de mauvaises intentions.

Soyez Prudente avec le Partage de Photos : Envoyer ou recevoir des photos peut sembler être un geste d'intimité ou de confiance, mais il doit être fait avec prudence. Une fois que les images sont partagées, elles peuvent être utilisées de manière inattendue ou non désirée. Certains peuvent même les utiliser pour du chantage.

Attention aux Comportements Manipulatifs : Toutes les menaces pour la sécurité ne sont pas physiques. Certaines personnes peuvent essayer de vous manipuler émotionnellement ou psychologiquement. Reconnaissez les signes de comportements manipulatifs, tels que la manipulation mentale, et gardez vos distances de ceux qui essaient de vous tromper ou de minimiser vos expériences.

Vérifiez les Paramètres de Confidentialité de Vos Applications de Rencontres : La plupart des applications de rencontres ont divers paramètres de confidentialité qui vous permettent de contrôler qui peut voir votre profil, vos photos ou vos derniers emplacements visités. Assurez-vous de comprendre et d'utiliser ces paramètres pour protéger votre vie privée.

Vaccinations et Santé Sexuelle : La sécurité ne concerne pas seulement la protection contre les dangers potentiels physiques ou émotionnels. Si vous envisagez une intimité, il est essentiel de vous protéger également en termes de santé. Une communication ouverte sur les tests des infections sexuellement transmissibles et la compréhension de l'importance des vaccinations, comme celle contre le VPH, sont essentielles.

Formation à la Défense Personnelle : Bien qu'il soit espéré de ne jamais avoir à utiliser des techniques de défense personnelle, être formée dans ce domaine peut offrir une plus grande tranquillité d'esprit. Il existe des cours spécialement conçus pour les femmes qui enseignent des techniques de défense efficaces et pratiques dans diverses situations.

Attentes Clairement Définies : Une communication claire sur vos attentes peut prévenir les malentendus qui pourraient conduire à des situations gênantes ou potentiellement dangereuses. Que vous recherchiez une relation sérieuse ou quelque chose de plus décontracté, être transparente sur vos intentions peut aider à établir des limites claires.

Partage d'Expériences : Si vous avez eu une expérience négative ou suspecte avec quelqu'un, envisagez de la partager sur des plateformes ou des applications appropriées, si cela ne compromet pas votre vie privée ou votre sécurité. Cela peut aider d'autres personnes à rester attentives et à se protéger des individus potentiellement dangereux.

Méfiez-vous des Trop Bavards : Les personnes qui partagent excessivement des détails intimes ou personnels lors du premier rendez-vous ou dans les premiers messages peuvent ne pas avoir une bonne compréhension des limites appropriées. Cela peut être un signal d'alarme indiquant la nécessité de procéder avec prudence.

Naviguer dans le monde des rendez-vous demande une combinaison d'ouverture d'esprit, de confiance et de prudence. En veillant toujours à mettre votre sécurité en premier, vous pourrez explorer les relations de manière saine et sécurisée.

Signaux d'Alarme : Il est essentiel d'apprendre à reconnaître les signaux d'alarme. Si une personne devient excessivement jalouse, possessive ou contrôlante, ou essaie de vous isoler de vos amis ou de votre famille, ce sont des indicateurs clairs de comportements potentiellement nuisibles ou abusifs.

Applications de Suivi de Localisation : Il existe des applications qui permettent de partager votre localisation en temps réel avec des personnes de confiance. Si vous vous trouvez dans une situation où vous vous sentez en insécurité, ces applications peuvent envoyer un signal de détresse ou simplement permettre à quelqu'un de savoir où vous vous trouvez.

Vérification de l'Identité : Avec la popularité des rencontres en ligne, il est devenu courant pour les gens de falsifier leur identité. Envisagez d'utiliser des services de vérification d'identité ou simplement de rechercher le nom de la personne sur Google pour vous assurer que les informations fournies correspondent à la réalité.

Utilisez la Technologie à Votre Avantage : En plus des applications de rencontres, il existe de nombreux appareils et applications spécialement conçus pour la sécurité personnelle. Par exemple, certaines montres intelligentes ont des fonctions SOS qui peuvent être activées en cas d'urgence.

Équilibrez le Cœur et l'Esprit : Bien qu'il soit naturel de se laisser emporter par l'enthousiasme d'une nouvelle relation ou l'excitation d'un premier rendez-vous, il est essentiel d'équilibrer ces émotions avec la réflexion rationnelle. Posez des questions, écoutez attentivement et évaluez si les actions de la personne correspondent à ses paroles.

Protection Numérique : En plus de protéger vos informations personnelles, assurez-vous de sécuriser vos appareils. L'utilisation de mots de passe complexes, l'activation de la vérification en deux étapes et la connaissance des tactiques de hameçonnage peuvent prévenir les situations où vos informations personnelles sont compromises.

Tirez Parti des Avis : Certaines plateformes de rencontres en ligne offrent la possibilité de laisser des commentaires ou des avis sur les utilisateurs. Ces avis peuvent fournir des informations précieuses sur le comportement passé d'un partenaire potentiel.

Évitez l'Isolation : Même s'il peut sembler romantique de passer tout votre temps avec une nouvelle flamme, il est sain de maintenir vos propres habitudes et relations. Les amis et la famille peuvent offrir une perspective extérieure sur votre relation et vous aider à repérer tout comportement inquiétant.

Méfiez-vous des "Fantômes" : Le "ghosting", c'est-à-dire interrompre toute forme de communication sans explication, est devenu une pratique courante dans le monde des rencontres modernes. Bien que cela puisse être douloureux, il est important de se rappeler que ce comportement reflète souvent les insécurités de l'autre personne, pas votre valeur.

Rappelez-vous que Vous Méritez le Meilleur : Enfin, chaque personne mérite le respect, la gentillesse et la considération dans une relation. Si vous commencez à sentir que vous devez abaisser vos normes ou tolérer des comportements qui ne vous font pas vous sentir valorisée, il peut être temps de réévaluer la relation ou le rendez-vous.

Alors que le monde des rendez-vous peut sembler être un terrain miné d'éventuels dangers, en abordant le jeu avec une préparation adéquate et en restant vigilant, vous pouvez profiter du voyage à la recherche de l'amour ou de la compagnie, en sachant que vous faites tout en votre pouvoir pour vous protéger.

La sécurité dans les rendez-vous, en ligne et hors ligne, n'est pas seulement une précaution, mais une nécessité impérative à l'ère moderne. Si d'un côté, le progrès technologique a élargi nos possibilités de connexion, de l'autre, il a introduit de nouveaux défis qui exigent de la sensibilisation et de la préparation. La protection des données personnelles, la prudence dans la rencontre de nouvelles personnes et la capacité à identifier les signaux d'alarme sont toutes des compétences essentielles pour ceux qui se lancent dans le monde des rendez-vous.

Les rendez-vous représentent un voyage personnel, une quête de connexion et de compréhension mutuelle. Mais pour que ce voyage soit enrichissant et positif, il est essentiel de prioriser la sécurité. Cela ne signifie pas vivre dans la peur ou limiter son ouverture aux nouvelles expériences ; au contraire, cela signifie avoir le contrôle de son propre chemin, être informé et préparé.

Il est essentiel de reconnaître que chaque individu a le droit de se sentir en sécurité, respecté et valorisé dans chaque interaction. Ce principe doit être la pierre angulaire de chaque aventure amoureuse. De plus, en portant attention aux détails et en écoutant son instinct, on peut souvent éviter de se retrouver dans des situations non désirées. Les amis, la famille et les communautés en ligne peuvent également servir de filets de sécurité, offrant des conseils, un soutien et parfois même une validation.

Cependant, il est également essentiel de ne pas permettre à la peur de la vulnérabilité ou des dangers potentiels de nous priver des opportunités de former des connexions authentiques et significatives. La sécurité dans les rendez-vous devrait servir de moyen de trouver un équilibre, permettant aux gens de s'ouvrir et de se connecter avec les autres tout en maintenant un sentiment de protection et de sécurité personnelle.

En conclusion, dans la danse complexe des rendez-vous modernes, la sécurité devrait jouer le rôle de guide constant. Avec la bonne dose d'attention, de préparation et d'écoute active de ses propres besoins et intuitions, il est possible d'explorer le vaste monde des rendez-vous en toute confiance, en veillant à ce que sa sécurité soit toujours en première ligne.

9. La Chimie et la Compatibilité : Comment Reconnaître la Différence et l'Importance des Deux

Dans le monde des rendez-vous et des relations, les mots "chimie" et "compatibilité" sont souvent utilisés de manière interchangeable, mais ils représentent deux aspects distincts et complémentaires de la connexion interpersonnelle.

La Chimie :

1. **Définition :** La chimie peut être décrite comme cette attraction initiale ou cette étincelle intense que l'on ressent lorsqu'on rencontre quelqu'un pour la première fois. Elle se manifeste sous forme d'attraction physique ou d'une sensation électrisante de connexion.

2. **Caractéristiques :** La chimie tend à être spontanée et instantanée. Elle repose sur une réaction viscérale envers une autre personne et peut se développer rapidement.

3. **Aspects Positifs :** Elle peut agir comme un puissant catalyseur dans les premières étapes d'une relation, aidant les gens à se connecter rapidement et à se rapprocher l'un de l'autre.

4. **Limitations :** Bien que la chimie soit excitante et captivante, elle peut aussi être temporaire.

Elle ne garantit pas nécessairement une connexion à long terme ou une relation réussie.

La Compatibilité :

1. **Définition :** La compatibilité concerne la capacité de deux personnes à coexister harmonieusement à long terme. Elle est basée sur des valeurs partagées, des objectifs de vie, des habitudes, des styles de communication et des visions du monde.

2. **Caractéristiques :** Contrairement à la chimie, qui peut être immédiate, la compatibilité peut prendre du temps pour se manifester pleinement. C'est quelque chose qui est découvert grâce à des interactions prolongées, des discussions profondes et la navigation à travers des défis et des conflits.

3. **Aspects Positifs :** Une compatibilité solide peut conduire à une relation durable, fournissant une base stable pour construire un partenariat.

4. **Limitations :** La compatibilité seule, sans chimie, pourrait ne pas suffire à maintenir une relation passionnée ou vivante. Elle pourrait manquer de cette "étincelle" que beaucoup de gens recherchent dans une connexion romantique.

L'Importance des Deux : Les deux, la chimie et la compatibilité, jouent un rôle crucial dans la formation et le maintien de relations réussies. Alors que la chimie peut attirer les gens les uns vers les autres et créer un lien initial, la compatibilité est ce qui aide à maintenir le lien dans le temps, à travers les hauts et les bas.

Beaucoup de gens ont éprouvé le vertige d'une attraction instantanée, où un regard ou un simple toucher déclenche une cascade d'émotions. C'est la chimie, une force presque magnétique qui nous attire vers quelqu'un. Elle est viscérale, souvent incontrôlable, et peut découler de diverses sources : une attraction physique, une connexion émotionnelle intense ou un sentiment inné de familiarité.

D'un point de vue biologique, la chimie peut être vue comme une réponse de notre corps aux phéromones - des substances chimiques libérées qui peuvent influencer le comportement des autres de la même espèce. Cette réponse instinctive a des racines profondes dans notre évolution, visant à trouver un partenaire avec lequel nous sommes génétiquement compatibles.

Cependant, si nous nous basions uniquement sur la chimie, nos relations seraient éphémères. L'intensité de la chimie a tendance à diminuer avec le temps ; c'est la nature de son charme fugace. Pour beaucoup, elle peut devenir une quête incessante, sautant d'une relation à l'autre à la recherche de cette étincelle initiale, pour découvrir qu'elle s'épuise rapidement.

D'un autre côté, la compatibilité se manifeste de bien des manières différentes. Pensez à tous les couples qui décrivent leur relation comme "être les meilleurs amis". Ce type de lien découle d'une compréhension mutuelle profonde. La compatibilité concerne le partage de valeurs fondamentales, d'objectifs de vie et de visions du monde. Et, tandis que la chimie peut s'atténuer, la compatibilité peut en réalité se renforcer avec le temps, car les gens se connaissent mieux et construisent une histoire commune.

Curieusement, notre société moderne a tendance à valoriser davantage la chimie que la compatibilité. Les films, les chansons et les romans glorifient souvent l'idée d'un amour ardent et instantané. Rarement, on raconte l'histoire de deux personnes qui construisent lentement une relation grâce à une compréhension mutuelle et au partage d'expériences.

Mais pour avoir une relation saine et durable, il est essentiel de reconnaître l'importance des deux. Si l'on imagine une relation comme une plante, la chimie pourrait être comparée à l'eau qui donne vie à la plante, tandis que la compatibilité pourrait être vue comme le sol nourricier dans lequel la plante grandit. Les deux sont essentiels à sa survie et à sa prospérité.

La prise de conscience de ces dynamiques peut également aider à naviguer dans les défis relationnels. Par exemple, lorsqu'à certains moments la chimie semble s'estomper, la force de la compatibilité peut soutenir le couple. Et lorsqu'émergent des divergences ou des tensions, le souvenir de la chimie initiale peut servir de rappel du lien spécial qui existe.

La clé réside dans l'équilibre. Trop souvent, les gens confondent l'absence de chimie avec l'absence d'amour, ou la présence de chimie avec une compatibilité profonde. Mais en reconnaissant qu'il s'agit de deux faces d'une même médaille, on peut avoir une vision plus complète de ce que signifie réellement se connecter avec une autre personne.

Au-delà de ce qui a déjà été dit sur la chimie et la compatibilité, il y a beaucoup plus à explorer. Par exemple, ces deux aspects ont des racines profondes dans nos expériences passées et nos croyances personnelles. La façon dont nous percevons la chimie et la compatibilité est influencée par nos relations précédentes, nos familles d'origine et les modèles d'amour que nous avons observés lorsque nous étions jeunes.

Notre premier modèle d'amour provient généralement de nos parents ou de nos tuteurs. Nous apprenons d'eux ce que signifie aimer et être aimé, mais aussi comment gérer les conflits, communiquer et naviguer à travers les défis de la vie. Ces premiers apprentissages peuvent créer des attentes et des schémas dans nos futures relations amoureuses. Par exemple, si nous avons vu nos parents gérer les conflits par le dialogue et le compromis, nous pourrions rechercher un partenaire ayant une communication ouverte et honnête. D'autre part, si nous avons été témoins de relations conflictuelles ou distantes, nous pourrions inconsciemment reproduire ces schémas dans nos propres relations.

De plus, notre culture et la société jouent un rôle fondamental dans notre perception de la chimie et de la compatibilité. Les différentes cultures ont différentes définitions de ce que signifie être compatible. Dans certaines cultures, la compatibilité peut être vue en termes de famille, de statut social, d'éducation ou de religion. Dans d'autres, elle peut être davantage centrée sur la connexion émotionnelle et les passions partagées.

L'ère numérique a également influencé la façon dont nous percevons la chimie et la compatibilité. Avec l'avènement des rencontres en ligne, nous pouvons maintenant filtrer les partenaires potentiels en fonction d'une liste de préférences. Cependant, bien que ces plateformes puissent nous aider à trouver des personnes qui semblent compatibles sur le papier, elles ne peuvent pas prédire la chimie que nous pourrions ressentir ou non lorsque nous rencontrons quelqu'un en personne.

Un autre point intéressant est la manière dont la chimie et la compatibilité interagissent avec notre biologie. Des hormones telles que l'ocytocine et la vasopressine sont libérées lorsque nous sommes amoureux, contribuant à ce sentiment d'euphorie et de connexion. Cependant, ces hormones ont tendance à se stabiliser après la période dite de "lune de miel", laissant souvent place à la compatibilité à long terme.

Enfin, il est essentiel de reconnaître que la chimie et la compatibilité ne sont pas statiques. Elles changent et évoluent avec le temps. Un couple peut découvrir de nouvelles dimensions de leur compatibilité des années après avoir été ensemble, ou ils peuvent travailler sur des problèmes pour renforcer leur connexion chimique.

Une compréhension approfondie de ces aspects peut enrichir notre expérience des

rencontres et des relations, en nous offrant une vision plus nuancée et complète de ce que signifie vraiment se connecter avec un autre être humain.

La chimie et la compatibilité sont deux éléments fondamentaux, mais distincts, dans la mosaïque d'une relation amoureuse. La chimie représente cette étincelle immédiate, cette attraction physique et émotionnelle que nous ressentons souvent pour quelqu'un. C'est un puissant indicateur de nos réactions initiales et peut servir de catalyseur pour nous rapprocher de quelqu'un. Cependant, elle est volage et, dans de nombreux cas, temporaire. La chimie peut s'allumer et s'éteindre, influencée par une myriade de facteurs, notamment les circonstances de la vie, les humeurs et même la biologie.

La compatibilité, en revanche, est la somme des similitudes, des différences et de la capacité d'un couple à coexister harmonieusement à différents niveaux, tels que les valeurs, les aspirations, les modes de vie et les visions du monde. Alors que la chimie peut être comparée au feu d'une allumette, rapide et brillant, la compatibilité est comme les braises qui brûlent lentement mais constamment, fournissant chaleur et lumière sur une période plus longue.

Dans l'histoire des relations humaines, nous avons vu d'innombrables exemples de couples ayant une chimie inégalée mais manquant de compatibilité. Ces relations brillent souvent brièvement pendant une courte période, mais peuvent s'éteindre rapidement lorsque la réalité se fait jour. De même, il y a eu de nombreux couples qui, bien qu'ils n'aient pas eu de chimie évidente au départ, ont découvert une profonde compatibilité au fil du temps, construisant des relations durables et significatives.

À l'ère moderne, avec la complexité croissante des rencontres et des relations, il est plus important que jamais de faire la distinction entre ces deux éléments. Reconnaître la différence entre la chimie et la compatibilité peut nous aider à faire des choix plus éclairés et intentionnels dans nos partenaires, à regarder au-delà de l'éphémère et à chercher ce qui est durable. Alors que la chimie peut offrir des moments inoubliables de passion et de connexion, c'est la compatibilité qui nous offre la possibilité d'une connexion plus profonde et plus durable.

En fin de compte, la clé d'une relation réussie réside dans la recherche d'un équilibre entre ces deux éléments. C'est la combinaison d'une chimie palpable et d'une compatibilité solide qui offre les meilleures opportunités pour un amour durable. Et bien qu'il n'y ait pas de formule magique pour garantir

cet équilibre, la connaissance de soi, la compréhension
et la communication sont des outils essentiels qui
peuvent nous aider à naviguer dans cet équilibre
délicat entre le cœur et l'esprit.

**Le rejet, sous toutes ses formes, est une réalité
inévitable dans le monde des rencontres.** Il se
présente de différentes manières : un message sans
réponse, un rendez-vous qui ne mène pas à une
deuxième rencontre, une relation qui se termine
brusquement. Bien que cela puisse sembler une
expérience désagréable et déplaisante, il est important
d'aborder le rejet avec une perspective saine et
constructive.

Origines du Rejet Le rejet peut avoir de nombreuses
origines. Il peut résulter de circonstances extérieures,
telles que des changements dans la vie personnelle
d'une personne, ou il peut découler d'un manque de
compatibilité ou d'attraction. Parfois, les gens ont peur
de s'engager ou ne sont tout simplement pas prêts
pour une relation. D'autres fois, les gens sentent que
quelque chose ne va pas, même s'ils ne parviennent
pas à identifier exactement quoi.

Effets Psychologiques du Rejet
Psychologiquement, le rejet peut déclencher toute une
gamme d'émotions négatives. La personne rejetée peut
se sentir inadéquate, indésirable ou repoussée. Ces
sentiments peuvent entraîner des doutes sur soi, une

baisse de l'estime de soi et, dans certains cas, conduire à la dépression ou à l'anxiété.

Outils pour Faire Face au Rejet

1. **Ne le Prends pas Personnellement :** Il est essentiel de comprendre qu'un rejet n'est pas nécessairement un reflet de toi en tant qu'individu. Chacun a ses propres batailles, insécurités et motivations, et ce qui peut sembler un rejet peut avoir peu à voir avec toi directement.

2. **Réfléchis à la Situation :** Analyse l'expérience. Est-il possible que tu aies ignoré des signaux ? Y a-t-il des leçons à tirer qui pourraient t'aider à l'avenir ?

3. **Parle de tes Émotions :** Partage tes sentiments avec des amis de confiance ou envisage de parler à un professionnel. Exprimer ce que tu ressens peut t'aider à traiter l'expérience.

4. **Renforce ton Estime de Toi :** Accorde du temps pour toi-même, apprends quelque chose de nouveau ou consacre du temps à tes passions. Rappelle-toi ta propre valeur.

5. **Accepte et Laisse Aller :** L'une des compétences les plus puissantes dans la vie est la

capacité à accepter et à avancer. Toutes les rencontres ou relations ne sont pas destinées à durer, et c'est ok.

Regarder Au-delà du Rejet Surmonter le rejet peut être un processus de croissance personnelle. Cela peut t'apprendre la résilience, l'empathie et la capacité à gérer les déceptions. Cela peut aussi te donner une perspective plus profonde sur ce que tu désires vraiment dans une relation et ce qui vaut la peine d'être poursuivi.

La Gestion du Rejet dans le Contexte des Rencontres est un Défi qui Nécessite une Compréhension Profonde de Soi et des Dynamiques Sociales. Souvent, le rejet est perçu comme un jugement direct de notre valeur en tant qu'individu. Cependant, une fois que tu commences à décoder les complexités derrière le rejet, tu peux commencer à le voir sous un jour différent.

Le Rejet à Travers les Cultures À l'échelle mondiale, chaque culture a sa propre vision du rejet. Dans certaines cultures, le fait de rejeter quelqu'un ou d'être rejeté est perçu comme une question d'incompatibilité plutôt qu'un défaut personnel. D'autres cultures peuvent mettre l'accent sur l'importance de la persévérance et voir le rejet comme un simple obstacle. Comprendre ces différences culturelles peut offrir une perspective rafraîchissante.

Dynamiques de Groupe et Rejet Le rejet peut également être influencé par les dynamiques de groupe. Par exemple, dans un groupe où prévaut une norme ou une attente particulière, ceux qui ne s'y conforment pas peuvent se sentir exclus ou rejetés. Cela peut se manifester de manière subtile, comme lorsque quelqu'un est exclu d'un groupe d'amis ou n'est pas invité à une fête.

La Croissance Personnelle à Travers le Rejet
Chaque rejet apporte avec lui une leçon. Il pourrait t'apprendre quelque chose sur ce que tu recherches dans une relation, ou il pourrait offrir une réflexion sur un comportement ou une habitude que tu pourrais vouloir changer. Beaucoup trouvent que, à travers une série de rejets, ils développent une meilleure compréhension d'eux-mêmes et de leurs besoins dans une relation.

Le Rôle de la Technologie À l'ère numérique, la fréquence des rejets a considérablement augmenté. Les applications de rencontres permettent aux gens de "rejeter" des partenaires potentiels d'un simple balayage. Cette facilité peut conduire à un sentiment accru de rejet. Cependant, il est crucial de se rappeler que, dans ces contextes, les décisions sont souvent prises rapidement, basées sur des informations limitées, et ne reflètent pas un jugement approfondi.

La Résilience Être capable de faire face au rejet et de continuer demande de la résilience. Cette capacité à rebondir après des expériences négatives est essentielle dans le monde des rencontres. La résilience ne consiste pas à ignorer ou à réprimer les sentiments de rejet, mais à les accepter, à les traiter et à les utiliser comme base pour grandir.

L'Importance de l'Autocompassion Lorsque tu fais face au rejet, pratiquer l'autocompassion peut être extrêmement bénéfique. Cela signifie te traiter avec la même gentillesse, préoccupation et compréhension que tu offrirais à un ami cher. Reconnaître que le rejet fait partie de la condition humaine et que tu n'es pas seul dans ces sentiments peut t'aider à traverser l'expérience avec plus de grâce.

Refus et Estime de Soi La relation entre l'estime de soi et le refus est complexe. Une faible estime de soi peut rendre une personne plus sensible au refus, tandis que des expériences répétées de refus peuvent encore éroder l'estime de soi d'une personne. C'est un cycle qui peut alimenter l'anxiété et la dépression. C'est pourquoi il est essentiel d'avoir des outils et des stratégies pour briser ce cycle, tels que la thérapie, le soutien d'amis de confiance ou l'auto-réflexion.

Le Côté Positif du Refus Bien qu'il puisse sembler contre-intuitif, il y a des aspects positifs au refus. Tout d'abord, il peut agir comme un filtre, vous aidant à comprendre qui est vraiment compatible avec vous et qui ne l'est pas. Le refus peut également être considéré comme une forme de rétroaction : il peut vous donner des indices sur des comportements ou des habitudes que vous pourriez vouloir revoir. De plus, faire face au refus peut renforcer votre résilience, vous préparant aux défis futurs.

Les Diverses Formes de Refus Le refus peut se manifester de nombreuses manières. Il y a le refus direct, où quelqu'un vous dit clairement qu'il n'est pas intéressé. Mais il existe aussi des formes plus subtiles, comme le ghosting, où quelqu'un disparaît sans explication. Chaque forme de refus comporte des défis uniques et nécessite différentes méthodes de gestion.

Refus et Croissance Chaque expérience de refus apporte avec elle une opportunité potentielle de croissance. Avec le temps et la réflexion, de nombreuses personnes trouvent que leurs expériences les plus douloureuses de refus les ont en réalité conduites à une meilleure compréhension d'elles-mêmes et de ce qu'elles désirent dans une relation.

L'Auto-Compassion dans le Refus Un élément essentiel pour faire face au refus est l'auto-compassion. Il s'agit de la capacité de se traiter avec gentillesse, empathie et compréhension, surtout en période difficile comme après un refus. Beaucoup de gens ont tendance à s'autocritiquer durement après avoir subi un refus, ce qui ne fait qu'aggraver la douleur et la déception. La pratique de l'auto-compassion, quant à elle, aide à se rappeler que tout le monde, quelle que soit sa situation, fait l'expérience du refus. Vous n'êtes pas seul(e) dans cette situation.

Le Refus comme Partie du Voyage Le refus, bien qu'il soit désagréable, est une réalité inévitable du voyage amoureux. En fait, même les personnes les plus charmantes, intelligentes et réussies font face au refus. Au lieu de le voir comme un échec ou un jugement de votre valeur, considérez-le comme un signal vous guidant vers une relation ou une expérience plus adaptée à vous. Chaque "non" vous rapproche d'un "oui" qui a une véritable signification.

L'Art du Détachement Une autre compétence cruciale lors de la confrontation au refus est l'art du détachement. Cela ne signifie pas réprimer ou ignorer vos sentiments, mais plutôt accepter le refus sans le laisser définir votre estime de soi. Cela nécessite de la pratique et de la conscience, mais avec le temps, vous pouvez développer une résilience qui vous permet de faire face au refus avec équilibre et grâce.

Mettre les Choses en Perspective Rappelez-vous que le refus n'est qu'un moment dans le vaste arc de votre vie. Bien qu'il puisse sembler tout engloutir au moment où il se produit, avec le temps, son impact s'atténue. Ce qui peut sembler dévastateur aujourd'hui pourrait être un petit souvenir dans un an. En valorisant les leçons apprises et en utilisant le refus comme une opportunité d'introspection, vous pouvez en fait sortir de ces expériences plus fort et plus sage.

Créer un Réseau de Soutien Lorsque vous faites face au refus, il est essentiel d'avoir un réseau de soutien solide sur lequel vous pouvez compter. Les amis, la famille et, si nécessaire, les professionnels de la santé mentale peuvent offrir une perspective extérieure, des conseils et du réconfort. Parler de vos expériences et de vos sentiments à quelqu'un en qui vous avez confiance peut vous aider à traiter la douleur et la déception et à voir les choses sous un jour différent.

S'exercer au Refus Bien que cela puisse sembler contre-intuitif, s'exercer au refus peut en réalité aider à renforcer la résilience. Cela pourrait signifier vous mettre dans des situations où le refus est possible, comme demander un service ou faire une proposition. Plus vous vous exposez au refus par petites doses, plus il devient gérable lorsque cela se produit dans des contextes plus importants comme les rencontres.

Dans le voyage pour trouver une relation authentique et significative, le refus est une réalité inévitable. Cependant, sa présence ne doit pas être crainte ou vue comme un signe d'inadéquation personnelle. Au contraire, s'il est géré avec maturité et réflexion, il peut devenir un puissant moyen de croissance personnelle.

Tout d'abord, il est essentiel de reconnaître que le refus n'est pas un jugement de votre valeur en tant qu'individu. Tout comme dans de nombreux aspects de la vie, les rencontres sont subjectives. Ce que quelqu'un peut ne pas apprécier ou désirer pourrait être exactement ce que quelqu'un d'autre recherche. Par conséquent, chaque refus est simplement un signal qu'il n'y avait pas d'alignement entre vous et l'autre personne à ce moment-là ou dans ce contexte particulier.

La clé réside donc dans votre approche du refus. L'auto-compassion est essentielle. Au lieu de tomber dans des pièges d'auto-destruction ou d'autocritique, traitez-vous avec la même gentillesse et la même compréhension que vous offririez à un ami cher. Cela vous permet de traiter le refus de manière saine et de continuer avec dignité.

La perspective est un autre élément crucial. Considérez le refus comme une déviation plutôt qu'une fin. Chaque expérience vous offre des leçons précieuses qui peuvent informer et enrichir votre parcours. Lorsque vous considérez le refus comme une partie du voyage plutôt qu'un obstacle insurmontable, il devient plus facile de trouver la force et la motivation pour continuer.

Enfin, entourez-vous d'un solide réseau de soutien. Les amis, la famille et, si nécessaire, les professionnels de la santé mentale peuvent offrir une perspective extérieure, du réconfort et des conseils stratégiques sur la manière de gérer le refus et de continuer.

En résumé, bien que le refus puisse être douloureux, il n'est pas insurmontable. Avec la bonne mentalité, les bons outils et le bon soutien, il peut devenir une opportunité de croissance, de découverte de soi et, finalement, de rapprochement d'une relation qui résonne vraiment avec qui vous êtes.

11. **L'Art du Flirt : Techniques et Conseils pour Flirter avec Authenticité** Flirter est un art ancien et subtil, une danse entre deux personnes qui exprime l'intérêt, l'attirance et la ludicité. Dans le contexte des rencontres, c'est souvent la première étape pour établir une connexion. Mais comment flirter de manière authentique, sans paraître forcé ou insincère ? Voici quelques techniques et conseils :

12. **Écoute Active** : Avant tout, écoutez. Flirter ne concerne pas seulement la parole ; c'est aussi écouter. Montrer un intérêt sincère pour ce que l'autre personne a à dire crée un lien. L'écoute active signifie être présent dans le moment, réagir

aux paroles de l'autre et montrer avec le langage corporel que vous êtes intéressé.

13. **Contact Visuel** : Le contact visuel est une forme puissante de communication non verbale. Un regard peut transmettre de l'intérêt, de la curiosité et une invitation. Ne fixez pas intensément, mais un contact visuel intermittent peut créer un sentiment d'intimité.

14. **Compliments Authentiques** : Lorsque vous faites un compliment, assurez-vous qu'il vient du cœur. Faites l'éloge de quelque chose qui vous a vraiment marqué chez l'autre personne, que ce soit son sens du style, son rire ou un trait de sa personnalité.

15. **Langage Corporel Ouvert** : Un langage corporel ouvert et détendu invite à l'interaction. Souriez, inclinez légèrement la tête lorsque vous écoutez et utilisez des gestes ouverts avec vos mains pour montrer de l'intérêt.

16. **Touchez Léger** : Si vous vous sentez à l'aise et que l'interaction est positive, un contact léger sur le bras ou l'épaule peut intensifier le moment de connexion. Cependant, il est essentiel de respecter les limites et de vous assurer que l'autre personne se sent à l'aise.

17. **Soyez Vous-même** : La sincérité est la clé. Ne cherchez pas à être quelqu'un que vous n'êtes pas ou à jouer un comportement qui ne vous représente pas. L'authenticité est attirante.

18. **Utilisez l'Humour** : Rire ensemble peut créer un lien rapide et profond. Partager une blague ou un rire sur une anecdote légère peut détendre l'atmosphère et montrer votre côté joueur.

19. **Posez des Questions** : Montrez votre intérêt en posant des questions ouvertes, celles auxquelles on ne peut pas répondre par un simple "oui" ou "non". Cela stimule une conversation plus profonde et montre que vous êtes réellement intéressé à la connaître.

20. **Évitez les Sujets Lourds** : Bien qu'il y ait des moments où il est approprié de discuter de sujets sérieux, le flirt devrait être léger et ludique. Évitez les sujets qui pourraient être controversés ou trop profonds.

21. **Terminez avec Élégance** : Si vous sentez que la conversation touche à sa fin ou que vous devez partir, terminez l'interaction avec grâce. Un "C'était un plaisir de parler avec toi" ou un "J'espère te revoir" sont des moyens doux et sincères de conclure.

Au fond, nous aspirons tous à des connexions sincères et authentiques. Flirter avec authenticité ne signifie pas seulement éviter les clichés ou agir de manière transparente, mais plutôt plonger dans l'art de communiquer et de se connecter à un niveau plus profond.

Apprenez à Vous Connaître : Avant de pouvoir flirter avec authenticité, vous devez savoir ce qui vous rend authentique. Cela signifie passer du temps à réfléchir à vos passions, vos valeurs et vos particularités. Ce n'est qu'en vous connaissant que vous pouvez vous présenter aux autres de manière sincère.

Cultivez l'Empathie : L'empathie n'aide pas seulement à comprendre les autres, mais aussi à créer une connexion plus profonde. Lorsque vous flirtez, essayez de vous mettre à la place de l'autre personne. Cette capacité vous permet de comprendre ses émotions et de répondre de manière plus authentique et connectée.

Étudiez la Communication Non Verbale : Outre les mots, nous communiquons à travers les gestes, les expressions faciales et le ton de voix. Développer une sensibilité à ces signaux peut vous aider à percevoir et à répondre de manière plus efficace lors du flirt. Par exemple, si l'autre personne croise les bras ou évite le contact visuel, elle peut ne pas se sentir à l'aise. Être attentif à ces détails vous permet de personnaliser votre comportement et de rendre l'interaction plus agréable.

Honnêteté et Vulnérabilité : Bien que le flirt soit généralement léger et ludique, montrer un peu de vulnérabilité peut être un puissant outil de connexion. Cela ne signifie pas dévoiler tous vos secrets ou problèmes, mais partager de petites vérités sur vous-même peut montrer que vous êtes authentique.

Respect Réciproque : Flirter avec authenticité signifie également respecter les limites de l'autre personne. Si vous sentez que l'autre n'est pas intéressé ou ne se sent pas à l'aise, il est essentiel de respecter ses sentiments et de vous retirer avec grâce.

Pratique et Apprentissage : Comme toute compétence, le flirt nécessite de la pratique. Chaque interaction vous offre l'opportunité d'apprendre et de perfectionner vos compétences. Soyez attentif à ce qui fonctionne et à ce qui ne fonctionne pas, et utilisez chaque expérience comme une opportunité de croissance.

Maintenez un Sens de la Curiosité : Flirter, à bien des égards, est une exploration. Il s'agit de découvrir de nouvelles personnes, de nouvelles histoires et de nouvelles expériences. Garder un sens de la curiosité vous aide à rester ouvert et intéressé, rendant chaque interaction fraîche et vivante.

L'art du flirt n'est pas seulement une série de techniques à apprendre, mais un voyage vers plus d'authenticité et de connexion. Grâce à la pratique, à la réflexion et surtout à l'ouverture envers le vrai vous et les autres, le flirt peut devenir non seulement un jeu, mais aussi un moyen de créer des relations plus profondes et significatives.

Utilisation de l'Humour : L'humour est un outil puissant dans l'art du flirt. Non seulement il allège l'atmosphère, mais rire ensemble peut créer un sentiment de complicité et d'intimité. Il est important, cependant, d'être conscient du type d'humour que vous utilisez. L'humour qui se moque des autres ou qui peut être offensant n'est pas seulement peu authentique, mais peut également créer des barrières plutôt que des connexions.

Conscience des Différences Culturelles : Dans un monde de plus en plus globalisé, vous pourriez vous retrouver à flirter avec des personnes de cultures différentes de la vôtre. Il est essentiel d'être conscient des différences culturelles et des normes différentes concernant le flirt et la courtoisie. Quelque chose qui pourrait être considéré comme approprié dans votre culture pourrait ne pas l'être dans une autre.

La Technologie comme Outil : Avec l'avènement des smartphones et des médias sociaux, le flirt a pris de nombreuses formes nouvelles. Bien que les emojis, les gifs et les messages puissent simplifier l'expression de l'intérêt ou de l'affection, il est essentiel de se rappeler que la communication numérique peut facilement conduire à des malentendus. Il est toujours judicieux d'être clair dans vos intentions et de tenter de maintenir la communication aussi authentique que possible, même sous forme numérique.

Feedback et Adaptabilité : Observez les réactions de la personne avec laquelle vous flirtez. Si elle semble à l'aise et réceptive, vous allez probablement dans la bonne direction. Cependant, si elle semble se retirer ou devenir nerveuse, il pourrait être temps de changer d'approche ou de vous retirer. Savoir lire et s'adapter aux réactions des autres est une compétence fondamentale dans l'art du flirt.

Authenticité vs. Jeu de Rôle : Bien que le flirt puisse souvent impliquer un certain degré de jeu de rôle ou d'exagération, il est crucial de trouver un équilibre. Vous pouvez montrer le meilleur de vous-même, mais sans déformer votre véritable identité. L'objectif devrait toujours être de faire connaître votre véritable personnalité, plutôt qu'une version fictive de vous-même.

Valoriser l'Individualité Réciproque : Chaque individu est unique, avec ses propres histoires, expériences et visions du monde. Célébrer ces différences peut non seulement vous aider à vous connecter à un niveau plus profond, mais aussi à apprendre et à grandir en tant qu'individu. À travers le flirt, vous pouvez découvrir de nouvelles perspectives et façons de voir le monde, enrichissant ainsi votre compréhension des autres et de vous-même.

Enfin, bien que le flirt puisse avoir de nombreux objectifs différents, de l'établissement d'une amitié au déclenchement d'une relation amoureuse, l'essence reste la même : la connexion entre deux individus. Grâce à l'authenticité, à la compréhension et à la vulnérabilité, le flirt peut devenir un pont entre deux personnes, leur permettant de partager, même pour un moment, une partie de leur âme.

Langage du Corps : Un des aspects les plus cruciaux du flirt authentique concerne le langage du corps. Chaque geste, regard ou contact peut communiquer plus de mille mots. Un contact visuel prolongé, par exemple, peut indiquer de l'intérêt et de l'attirance, tandis que l'inclinaison du corps vers quelqu'un peut suggérer de l'écoute et de la curiosité. En revanche, un corps fermé, avec les bras croisés ou un regard évitant, peut indiquer du désintérêt ou de l'inconfort.

Voix et Tonalité : La tonalité de la voix, le rythme de la parole et l'intonation peuvent tous jouer un rôle essentiel dans le flirt. Une voix douce et détendue peut créer une atmosphère de confort et d'intimité, tandis qu'une tonalité ludique et légère peut susciter des rires et du plaisir. Il est essentiel d'être conscient de la manière dont vous utilisez votre voix et du message que vous envoyez.

Temps et Rythme : Le flirt n'est pas une course. Prendre le temps de se connaître, d'établir une connexion et d'apprécier les petits moments peut rendre l'interaction plus profonde et significative. La patience et la capacité d'écouter sont essentielles. Forcer les choses ou se précipiter peut souvent interrompre le flux naturel de la conversation et créer de la tension.

Valeur du Mystère : Tout en étant authentique, maintenir un certain degré de mystère peut rendre le flirt plus excitant. Cela ne signifie pas cacher des aspects de vous-même ou être malhonnête, mais plutôt ne pas tout révéler immédiatement. Laisser place à la curiosité et à l'anticipation peut souvent nourrir l'intérêt.

Respect Réciproque : Même pendant le flirt, le respect de l'autre individu est fondamental. Cela signifie respecter ses limites, écouter activement ses préoccupations et désirs, et ne pas faire de suppositions ou de jugements hâtifs. Le flirt doit être un équilibre où les deux parties se sentent vues, entendues et appréciées.

Empathie et Compréhension : Essayer de se mettre à la place de l'autre personne, comprendre ses émotions et ses sentiments, est essentiel. L'empathie peut aider à créer un lien plus profond et à naviguer avec plus de conscience à travers l'art du flirt.

Établir des Limites : Même dans le flirt, il est essentiel d'avoir des limites claires et de les communiquer. Cela peut concerner votre confort à partager des informations personnelles, jusqu'où vous voulez que la conversation aille, et comment vous voulez être traité. Être clair au sujet de vos limites protège non seulement votre bien-être, mais montre également à l'autre personne que vous vous respectez.

Culture Populaire et Flirt : Nous vivons à une époque où la culture populaire a une grande influence sur notre vision et notre interprétation du flirt. Les films, les séries télévisées, les chansons et même les mèmes nous offrent d'innombrables exemples de ce que signifie flirter. Cependant, il est important de se rappeler que ceux-ci sont souvent exagérés ou idéalisés pour le divertissement. Prendre ces exemples au pied de la lettre peut entraîner des attentes irréalistes et des malentendus.

La pratique du flirt, une danse de séduction aussi ancienne que l'humanité elle-même, a longtemps été considérée comme un art à perfectionner. Au cœur de cette danse complexe faite de gestes, de mots et de regards, se trouve un profond désir humain de connexion, de reconnaissance et d'intimité avec les autres. Mais ce qui rend le flirt si fascinant et parfois si complexe, c'est qu'il se situe à l'intersection de nombreuses dynamiques : sincérité et jeu, attraction et réticence, audace et discrétion.

L'authenticité dans le flirt est essentielle car elle repose sur une compréhension véridique de soi et le désir de se montrer sincèrement à l'autre. Il ne s'agit pas de porter un masque ou de jouer un rôle, mais de s'exprimer sincèrement en tenant compte de ses propres émotions et désirs, ainsi que de ceux de l'autre personne. Cela ne signifie cependant pas qu'il n'y a pas de place pour le mystère et le jeu ; au contraire, l'ambiguïté et le non-dit sont souvent ce qui nourrit l'attraction dans le flirt.

Les techniques et les conseils pour flirter avec succès, comme le langage corporel et l'intonation vocale, sont importants, mais ce qui compte vraiment, c'est la conscience avec laquelle vous les utilisez. Cette conscience découle de la connaissance de soi, de la compréhension de vos propres motivations et du respect pour l'autre. À une époque dominée par la culture populaire, où le flirt est souvent représenté de manière idéalisée ou stéréotypée, il est essentiel de réfléchir de manière critique à ce que nous voyons et entendons, en se rappelant que chaque individu et chaque interaction sont uniques.

De plus, à chaque étape du flirt, le respect mutuel doit être la base. Cela signifie reconnaître et respecter les limites de l'autre, tout en communiquant les vôtres de manière claire. La sécurité et le confort sont essentiels pour construire une connexion sincère et profonde.

En conclusion, **l'art du flirt** est un voyage de découverte de soi et de connexion avec les autres. Il ne s'agit pas seulement de techniques ou de trucs, mais d'un profond sentiment d'authenticité, d'empathie et de respect. Et bien que le paysage des rencontres et des relations puisse changer avec le temps, la recherche de connexion, de reconnaissance et d'amour demeure universelle. Pour maîtriser l'art du flirt, il est essentiel de regarder à l'intérieur de soi, d'être présent dans le moment et d'approcher les autres avec curiosité, ouverture et gentillesse.

L'importance de l'indépendance : Maintenir votre individualité tout en cherchant une relation. Beaucoup de gens, consciemment ou non, abordent le monde des rencontres avec l'espoir de trouver quelqu'un qui puisse les compléter. Cette notion, popularisée par des films, des chansons et des histoires romantiques, suggère que nous sommes incomplets sans l'autre. Cependant, il est essentiel de comprendre qu'un partenaire ne devrait jamais vous "compléter", mais plutôt vous "compléter".

L'indépendance, comprise comme la capacité à maintenir et à valoriser votre propre individualité, est essentielle non seulement pour votre bien-être personnel, mais aussi pour construire des relations saines et mutuellement respectueuses.

Voici pourquoi :

1. **Auto-réalisation** : Tout d'abord, reconnaître et cultiver votre propre identité vous permet d'avoir une vision claire de ce que vous voulez et de ce que vous apportez à une relation. Ce processus d'auto-réalisation aide à définir vos valeurs, vos intérêts et vos objectifs, qui seront essentiels pour établir une compatibilité avec un partenaire potentiel.

2. **Prévention de la dépendance émotionnelle** : L'indépendance réduit le risque de dépendance émotionnelle, où l'un des partenaires devient excessivement dépendant de l'autre pour son bien-être émotionnel. Ce type de relation entraîne souvent des déséquilibres de pouvoir et peut limiter la croissance personnelle des deux partenaires.

3. **Promotion de la croissance mutuelle** :
Dans une relation où les deux partenaires sont
indépendants, il y a plus d'espace pour la
croissance mutuelle. Les deux peuvent
apprendre l'un de l'autre, encourager les
passions et les intérêts de l'autre, et construire
une relation basée sur la compréhension et le
respect mutuel.

4. **Amélioration de la qualité de la relation** :
Les relations dans lesquelles les deux partenaires
maintiennent leur individualité sont
généralement plus équilibrées et satisfaisantes.
Chaque personne entre dans la relation en tant
qu'individu complet, ce qui signifie que la
relation est un ajout à leur vie, plutôt qu'une
nécessité.

5. **Préservation de l'identité** : Maintenir votre
indépendance garantit que vous ne perdez pas de
vue qui vous êtes vraiment. Il est facile, surtout
au début d'une relation, de s'impliquer
totalement dans le partenaire et dans le monde
que vous partagez. Cependant, il est essentiel de
se rappeler de faire de la place pour soi-même.

6. **Renforcement de l'estime de soi** :
Reconnaître et apprécier votre individualité
renforce votre estime de vous. Lorsque vous êtes
sûr de vous et que vous savez ce que vous valez,

vous êtes moins enclin à tolérer des
comportements et des situations qui ne reflètent
pas votre valeur.

Maintenir votre individualité et votre indépendance ne
signifie pas éviter la connexion émotionnelle ou limiter
la profondeur de l'intimité dans une relation. Au
contraire, cela signifie équilibrer la proximité avec
l'autosuffisance, en veillant à ce que, tout en
partageant votre vie avec quelqu'un, vous ne perdiez
pas de vue votre propre identité.

Équilibre entre Individualité et Partage : Dans
chaque relation, il y a une dynamique de poussée et de
tiraillement entre le désir d'être proche et le désir de
maintenir une certaine distance. Cela peut être vu
comme une interaction entre l'indépendance et
l'interdépendance. La clé réside dans la recherche d'un
équilibre sain entre les deux. Par exemple, il est
possible que deux individus aient des passe-temps
séparés et passent du temps avec des groupes d'amis
différents, mais se retrouvent également pour partager
des expériences, des histoires et des activités
communes.

Respect de l'autonomie : Dans de nombreuses
cultures, il y a une compréhension croissante de
l'importance de l'autonomie même au sein d'une
relation. Respecter l'autonomie du partenaire signifie
reconnaître que, même s'ils font partie de votre vie, ils

ont le droit de faire leurs propres choix, de vivre leurs propres expériences et de suivre leur propre chemin de croissance. Ce respect est essentiel pour éviter qu'une relation ne devienne étouffante ou limitante.

Impact sur la Santé Mentale : La capacité à maintenir votre indépendance a également d'importantes implications pour la santé mentale. Les personnes qui parviennent à équilibrer efficacement leur indépendance avec la connexion dans une relation ont tendance à présenter des niveaux plus faibles d'anxiété et de dépression. De plus, le fait de se sentir en contrôle et autonome dans sa vie peut contribuer à réduire le stress et à améliorer le bien-être général.

Prévention de la Ressentiment : Lorsque vous perdez de vue votre indépendance dans une relation, un ressentiment subtil peut émerger. Cela peut découler du sentiment d'être piégé ou d'avoir sacrifié trop de vous-même. En revanche, maintenir une saine individualité peut prévenir l'accumulation de ces sentiments négatifs.

Promouvoir la Croissance Individuelle : Une personne qui maintient son individualité est souvent plus encline à poursuivre des opportunités de croissance personnelle, que ce soit par la formation, le développement professionnel ou l'exploration personnelle. Cela peut, à son tour, apporter de nouvelles énergies et perspectives à la relation.

Création d'Espaces Séparés : Il ne s'agit pas seulement de maintenir des intérêts ou des passe-temps distincts, mais aussi de reconnaître l'importance d'avoir des espaces physiques et temporels séparés. Ceux-ci peuvent être des moments de calme, de réflexion ou de détente, loin des pressions et des attentes de la relation.

Valorisation des Différences : L'une des merveilles des relations est qu'elles permettent à deux individus distincts de se réunir. En maintenant et en célébrant ces différences, au lieu de chercher à "fusionner" en une seule entité, vous enrichissez la texture de la relation.

L'indépendance ne concerne pas seulement le maintien d'intérêts ou de passe-temps distincts. Elle s'étend également à la manière dont vous vous percevez, prenez des décisions et abordez les conflits et les défis au sein de la relation.

L'Indépendance Financière : L'un des aspects fondamentaux de l'indépendance est la liberté financière. Même si les couples choisissent souvent de mélanger leurs finances, avoir une certaine autonomie dans ce domaine peut être libérateur. Il ne s'agit pas seulement de gagner et de dépenser de l'argent, mais aussi de prendre des décisions financières, comme les investissements, sans avoir toujours à consulter le partenaire. Cette autonomie peut également réduire les conflits potentiels liés à l'argent au sein de la relation.

Indépendance Emotionnelle : Maintenir l'indépendance émotionnelle signifie être capable de gérer ses propres émotions et humeurs sans dépendre excessivement du partenaire pour le réconfort ou la validation. Cela ne signifie pas éviter le soutien émotionnel, mais plutôt posséder les outils et la résilience pour faire face aux défis de manière autonome.

Estime de Soi et Validation : Obtenir sa propre estime de soi à partir de réalisations et de valeurs personnelles, plutôt que de la relation, est fondamental. Cette approche vous permet de ne pas dépendre trop du partenaire pour la validation et l'affirmation, réduisant ainsi le risque de développer des dynamiques de dépendance.

Gestion des Conflits : Lorsque deux individus maintiennent leur propre indépendance, ils sont souvent mieux équipés pour gérer les conflits de manière constructive. Cela s'explique par le fait qu'ils ont une compréhension claire d'eux-mêmes et sont capables de communiquer leurs besoins et leurs limites clairement, sans perdre de vue leurs priorités.

Croissance Indépendante : Même au sein d'une relation, la croissance personnelle continue. Et cette croissance peut se produire en parallèle avec le partenaire, mais aussi indépendamment de lui. Cela peut inclure l'apprentissage de nouvelles compétences, l'élargissement de ses horizons culturels ou le développement spirituel.

La Diversité comme Force : Lorsque chaque individu apporte dans la relation une série différente d'expériences, de connaissances et de compétences, le couple dans son ensemble peut bénéficier d'une gamme plus large de ressources. Cette diversité, découlant de l'indépendance de chacun, peut servir de source de force et de résilience pour le couple.

Apprendre à Dire Non : L'indépendance signifie aussi apprendre à dire "non" lorsque c'est nécessaire. Que ce soit pour protéger votre temps, votre espace ou vos valeurs, avoir la capacité d'établir des limites est essentiel pour maintenir une saine estime de soi au sein de la relation.

Maintenir votre indépendance au sein d'une relation n'est pas une tâche facile. Cela demande de la conscience, de l'engagement et parfois le courage de faire face à des résistances ou à des malentendus. Cependant, les efforts investis dans cette direction renforceront non seulement votre estime de vous, mais enrichiront également la relation, la rendant plus équilibrée, résiliente et satisfaisante.

En conclusion, l'indépendance au sein d'une relation ne représente pas une barrière entre les partenaires, mais plutôt une plateforme stable sur laquelle les deux peuvent construire un lien fort et durable.

La Base Fondamentale : L'indépendance fournit une base solide, car c'est l'expression de la maturité et de l'auto-réalisation. Cette base permet d'entrer dans une relation non par dépendance ou nécessité, mais par un choix authentique et conscient, car vous souhaitez partager votre vie avec une autre personne tout en maintenant votre individualité.

Un Signe de Santé Relationnelle : Contrairement à ce que la culture populaire pourrait suggérer, l'indépendance n'est pas un signe de détachement ou de froideur. C'est un signe de santé relationnelle. Une relation dans laquelle les deux partenaires sont indépendants est souvent caractérisée par un équilibre des pouvoirs plus homogène, moins de conflits liés à des dynamiques de contrôle et une meilleure capacité à faire face aux défis extérieurs.

Préservation de l'Unicité : L'indépendance permet à chaque individu de préserver et de nourrir ce qui le rend unique. Cette unicité enrichit la relation en introduisant de nouvelles perspectives, expériences et façons de résoudre les problèmes.

Éviter la Codependance : Maintenir une saine indépendance aide à éviter les pièges de la codependance, où l'un ou les deux partenaires dépendent excessivement l'un de l'autre pour leur estime de soi, leur bien-être émotionnel ou leur stabilité financière. Les relations codependantes peuvent devenir toxiques et limiter le potentiel de croissance individuelle et de couple.

Autosuffisance : Être capable de compter sur soi-même dans divers aspects de la vie fournit une sécurité intérieure qui peut réduire l'anxiété et le stress au sein d'une relation. Cette autosuffisance, qu'elle soit émotionnelle, financière ou en termes de résolution de problèmes, signifie que les partenaires peuvent se soutenir mutuellement sans trop peser l'un sur l'autre.

En résumé, l'indépendance au sein d'une relation représente la capacité de maintenir son propre espace et son identité tout en étant profondément connecté et engagé avec une autre personne. Cet équilibre entre individualité et connexion est la clé pour construire une relation saine, satisfaisante et résiliente. Les personnes indépendantes sont capables d'enrichir leurs relations avec profondeur, substance et une gamme d'expériences qui rendent chaque interaction plus significative et chaque moment partagé plus précieux.

13. Affronter la Pression Sociale : • Comment faire face aux attentes des amis, de la famille et de la société. La pression sociale est un élément omniprésent dans la vie de beaucoup, surtout lorsqu'il s'agit du monde délicat des rencontres et des relations. Nous vivons dans une société qui a souvent des attentes bien définies sur la manière dont nous devrions vivre notre vie amoureuse, et ces normes peuvent varier en fonction de la culture, de l'histoire familiale ou du groupe social dans lequel nous nous trouvons. Cette pression peut se manifester de différentes manières, des questions intrusives sur nos partenaires, à la curiosité sur pourquoi nous sommes toujours célibataires, ou aux attentes sur quand nous devrions "nous installer". Voici comment vous pouvez y faire face :

1. **Reconnaître et Définir Vos Propres Attentes** : Avant tout, il est essentiel d'avoir une clarté sur ce que vous désirez vraiment, indépendamment des attentes extérieures. Cela nécessite une profonde introspection et un dialogue intérieur sincère. Posez-vous la question : "Que veux-je vraiment pour moi-même dans une relation ? Qu'est-ce qu'une relation satisfaisante et authentique signifie pour moi ?"

2. **Une Forte Estime de Soi** : Cultiver une estime de soi solide peut servir de bouclier

contre les pressions extérieures. Si vous êtes sûr de votre chemin et de vos choix, il sera plus facile de ne pas être influencé par les opinions des autres.

3. **Communication Ouverte** : Si quelqu'un, qu'il s'agisse d'un ami, d'un membre de la famille ou d'une connaissance, exprime une opinion non sollicitée sur votre vie amoureuse, il est important de savoir communiquer de manière ouverte et sincère. Expliquez gentiment que, bien que vous appréciiez leur préoccupation, votre vie amoureuse est une affaire personnelle.

4. **Créez un Système de Soutien** : Entourez-vous d'amis et de membres de la famille compréhensifs qui respectent vos choix et vous soutiennent, quelle que soit la pression sociale. Ces personnes peuvent être un refuge lorsque vous vous sentez dépassé ou frustré par les attentes extérieures.

5. **Établissez des Limites** : Il est essentiel de savoir fixer des limites claires avec ceux qui tentent d'interférer ou de juger votre vie personnelle. Cela pourrait signifier changer de sujet, réduire le temps passé avec des individus particulièrement envahissants, ou, dans des cas extrêmes, s'éloigner de relations toxiques.

6. **Rappelez-vous Que Chaque Chemin Est Unique** : Il n'y a pas de "calendrier" prédéfini pour les rencontres, l'amour ou le mariage. Chaque individu a son propre rythme et son propre parcours dans la vie, et ce qui fonctionne pour une personne peut ne pas fonctionner pour une autre.

7. **Éducation et Empathie** : Parfois, les gens peuvent ne pas se rendre compte des préjudices qu'ils peuvent causer avec leurs commentaires ou leurs attentes. Dans ces cas, il peut être utile d'éduquer gentiment ces personnes, en expliquant comment vous vous sentez et en leur demandant d'être plus compréhensifs.

8. **Réflexion et Croissance Personnelle** : Utilisez chaque commentaire ou critique comme une opportunité pour réfléchir et grandir. Demandez-vous s'il y a de la vérité dans ce qui est dit et ce que vous pouvez en apprendre.

Affronter la pression sociale ne concerne pas seulement comment vous vous sentez dans le contexte des rencontres, mais plutôt comment vous naviguez dans le monde tout en maintenant votre authenticité et votre sens de soi. La société, avec ses messages continus à travers les médias, les conversations quotidiennes et même la publicité, établit souvent des "normes" sur la façon dont nous devrions vivre, aimer et interagir. Le défi réside non seulement dans la reconnaissance de ces pressions, mais aussi dans la manière de réagir à celles-ci. Quand on parle de pression sociale, on fait également référence à l'influence des médias sociaux. Nous vivons à une époque où notre vie amoureuse, ou son absence, peut être constamment sous les projecteurs. Des plateformes comme Instagram, Facebook et TikTok montrent souvent uniquement les moments forts de la vie des gens, créant une image déformée de la réalité. Voir en permanence des images de couples apparemment parfaits ou lire des histoires d'amour idéales peut intensifier le sentiment d'être "décalé" si l'on ne correspond pas à ces modèles. De plus, la culture populaire et les films ont depuis longtemps alimenté certaines narrations sur l'amour et les relations. Des comédies romantiques aux émissions de télévision, on présente souvent une idée de "bonheur tout le temps et pour toujours", où les gens trouvent l'amour dans des circonstances pittoresques et où tout se termine bien. Ces récits peuvent amener à penser que si votre expérience ne correspond pas à ces modèles, alors quelque chose ne va pas. Les traditions culturelles et les croyances familiales jouent également un rôle significatif. Dans certaines cultures, l'accent est fortement mis sur la nécessité de trouver un partenaire à un certain âge ou sur la création d'une famille. Ces attentes peuvent découler de générations passées et peuvent être enracinées dans les valeurs culturelles ou les préoccupations pratiques, comme la perpétuation de la lignée ou les soins aux parents âgés. Ajoutez à cela la pression des pairs. Alors que les amis commencent à s'installer, se marier ou avoir des enfants, il peut sembler que tout le monde suive un chemin préétabli, tandis que vous restez en arrière. Les événements sociaux, tels que les mariages ou les baptêmes, peuvent devenir des sources d'anxiété, car ils peuvent entraîner des questions sur votre situation sentimentale ou sur le fait que vous êtes encore célibataire. Enfin, il y a une pression intérieure, cette voix intérieure qui, influencée par tous les facteurs externes, commence à douter et à remettre en question vos propres choix. Vous pourriez commencer à vous demander si vous êtes trop exigeant, si vous avez des attentes irréalistes ou si vous manquez simplement le "train de l'amour". Cependant, il est crucial de se rappeler que chaque individu est unique. La vie de chacun a un rythme différent, et ce qui fonctionne pour une personne peut ne pas fonctionner pour une autre. Comparer votre vie à celle des autres ne mène qu'à la frustration et au mécontentement. Affronter la pression sociale signifie aussi reconnaître ces singularités et embrasser votre propre chemin, même s'il diffère de la norme.

La compréhension et l'acceptation de votre propre individualité peuvent devenir un puissant outil pour faire face à la pression sociale. Lorsque vous êtes solidement ancré dans votre identité et vos valeurs, les influences extérieures des attentes deviennent moins prégnantes. Mais comment en arrivez-vous là ?

L'importance du dialogue intérieur : La relation la plus durable et influente que nous aurons dans notre vie est celle que nous entretenons avec nous-mêmes. Porter une attention particulière à nos dialogues intérieurs peut révéler à quel point nous sommes influencés par les attentes extérieures. Poser des questions telles que "Est-ce que je veux vraiment cela pour moi, ou le fais-je parce que c'est ce qu'on attend de moi ?" peut aider à démêler nos véritables désirs de ceux qui nous sont imposés.

S'entourer d'influences positives : Bien qu'il soit impossible d'éviter complètement l'exposition aux pressions sociales, il est possible de contrôler, dans une certaine mesure, les influences immédiates. S'entourer de personnes qui valorisent notre individualité et soutiennent nos décisions peut faire toute la différence. Ces individus peuvent servir d'"ancres" dans les moments de doute et d'incertitude.

L'art de la réflexion et de la méditation : Créer des espaces pour la réflexion personnelle, que ce soit par la méditation, la tenue d'un journal intime ou simplement passer du temps seul en pleine nature, peut offrir une pause par rapport aux incessantes attentes sociales. Ces moments offrent l'opportunité de se connecter avec notre moi intérieur et de réaligner nos objectifs et désirs.

S'éduquer : Comprendre l'origine des attentes sociales peut offrir une perspective sur leur existence et aider à les relativiser. Lire et se renseigner sur les dynamiques sociales, les rôles de genre et les relations peut offrir une compréhension plus profonde et un point de vue différent sur les pressions ressenties.

La pratique de la gratitude : Se concentrer sur ce que nous avons, plutôt que sur ce qui nous manque ou sur ce que la société dit que nous devrions avoir, peut transformer notre perception de la vie. La pratique de la gratitude peut apporter un sentiment de plénitude et d'abondance, atténuant le sentiment de manque ou de ne pas être à la hauteur.

Chercher un soutien professionnel : Parfois, les pressions sociales peuvent devenir écrasantes, au point d'affecter notre santé mentale. Dans ces cas, il peut être utile de rechercher le soutien d'un professionnel, tel qu'un thérapeute ou un conseiller, qui peut fournir des outils et des techniques pour faire face et gérer ces pressions.

F flexibilité et adaptation : Enfin, il est important de noter que la vie est en constante évolution. Ce que la société valorise ou considère important aujourd'hui pourrait changer demain. Avoir la flexibilité de s'adapter et la résilience de tenir bon dans les moments difficiles sont des qualités inestimables.

Encourager soi-même à voir au-delà des attentes extérieures et à embrasser son propre chemin unique peut non seulement offrir un sentiment de liberté, mais aussi conduire à une vie plus authentique et satisfaisante.

Affronter la pression sociale n'est pas une tâche facile, mais elle est cruciale pour vivre une vie authentique et épanouie. La société, avec ses attentes et ses normes, peut souvent influencer profondément notre perception du succès, du bonheur et de l'épanouissement. La clé, cependant, est de se rappeler que ces attentes externes sont souvent le résultat de conventions culturelles, historiques et sociales qui ont évolué avec le temps et ne représentent pas nécessairement la "vérité" ou la "bonne façon" de vivre.

La comparaison est l'un des plus grands défis que la pression sociale apporte avec elle. Se comparer aux autres, à leurs réalisations, à leurs modes de vie, voire à leurs choix de relations, peut susciter des sentiments d'insécurité et de doute. Cependant, chaque individu est unique, avec son propre parcours de vie, ses défis, ses joies et ses peines. Ce qui peut fonctionner ou rendre heureux une personne peut ne pas avoir le même effet sur une autre. Il est essentiel de se rappeler que notre unicité est ce qui nous rend spéciaux.

Les pressions sociales découlent souvent de générations de croyances et de pratiques qui pourraient ne plus être pertinentes dans le monde moderne. La liberté de choisir son propre chemin, indépendamment des attentes extérieures, est un acte de courage. Mais plus on pratique l'assertivité face à ces pressions, plus on renforce son estime de soi et on réaffirme sa propre valeur.

De plus, il est essentiel d'avoir un solide réseau de soutien. Les amis, la famille ou les professionnels qui comprennent et soutiennent votre vision de la vie peuvent servir de piliers de force et vous rappeler que vous n'êtes pas seul dans votre voyage. La solidarité peut souvent offrir une perspective rafraîchissante.

En conclusion, faire face et surmonter la pression sociale est un voyage qui demande de la conscience, de la détermination et du soutien. Il s'agit de trouver son propre équilibre entre rester fidèle à soi-même et naviguer dans un monde rempli d'attentes. Cependant, avec les bons outils et une mentalité ouverte, il est possible de vivre une vie qui reflète véritablement qui vous êtes, plutôt que ce que la société attend que vous soyez. Et dans ce voyage d'authenticité, on peut trouver un profond sentiment de paix, d'épanouissement et de véritable réussite.

14. L'importance de la croissance personnelle dans les rencontres : Les rencontres, au-delà de la simple recherche d'un partenaire, sont un voyage d'autodécouverte et de croissance personnelle. Explorer le monde des rencontres peut révéler de nombreuses vérités sur soi-même, offrir des leçons inattendues et des opportunités de maturité. Voici comment les rencontres peuvent catalyser la croissance personnelle.

1. **Améliorer la connaissance de soi** : Les rencontres vous placent dans des situations où vous devez exprimer vos attentes, vos désirs et vos limites. En réfléchissant à ce que vous recherchez chez un partenaire et dans une relation, vous pouvez en apprendre beaucoup sur vous-même et sur vos priorités dans la vie.

2. **Apprendre l'empathie et la compréhension** : Rencontrer et se connecter avec des personnes différentes vous offre une perspective sur les histoires et les expériences des autres. Cela peut renforcer votre capacité à ressentir de l'empathie, de la compréhension et de la tolérance.

3. **Développer des compétences en communication** : Une communication efficace est essentielle pour des rencontres réussies. Vous

apprenez à exprimer vos pensées, vos sentiments et vos besoins de manière claire et respectueuse, tout en écoutant et en comprenant ceux de votre partenaire.

4. **Faire face aux défis et à la résilience** : Toutes les rencontres ou relations ne seront pas couronnées de succès. Ces expériences, positives ou négatives, vous enseignent à gérer les déceptions, les rejets et les conflits. Cette résilience vous bénéficie dans de nombreux autres domaines de la vie.

5. **Réévaluer les valeurs et les croyances** : Rencontrer des personnes aux perspectives, aux valeurs et aux croyances différentes peut vous pousser à réfléchir et parfois à réévaluer vos propres convictions. Cela peut élargir votre esprit et vous rendre plus ouvert et accueillant.

6. **Apprendre l'importance de l'indépendance** : Bien que les rencontres impliquent souvent la connexion avec d'autres, elles mettent également en évidence l'importance de se sentir bien avec soi-même et de mener une vie indépendante et épanouissante.

7. **Développer des compétences d'introspection** : Réfléchir aux expériences de rencontres, aux réactions et aux sentiments

associés vous offre l'opportunité de devenir plus
introspectif. Cette introspection peut être un
puissant outil de croissance.

8. **Développer la patience et l'optimisme** :
   Trouver le bon partenaire peut prendre du
   temps. Les rencontres vous enseignent la
   patience, l'optimisme et la confiance que les
   choses peuvent s'améliorer, même si elles ne
   semblent pas l'être à un moment donné.

La croissance personnelle à travers les rencontres n'est
pas un concept nouveau, mais elle est profondément
enracinée dans l'expérience humaine. Les rencontres,
sous toutes leurs formes, peuvent servir de prisme à
travers lequel nous nous voyons sous de nouvelles
lumières et dans de nouveaux contextes.

Amélioration de l'estime de soi : En explorant le
monde des rencontres, il est naturel de recevoir des
compliments et des critiques. Ces expériences peuvent
vous aider à développer une vision équilibrée de vous-
même. Recevoir des compliments peut renforcer votre
estime de vous, tandis que les critiques ou les rejets
peuvent vous offrir l'opportunité de travailler sur des
domaines d'amélioration sans vous décourager.

Développer une mentalité de croissance : La
mentalité que vous adoptez à l'égard des rencontres

peut profondément influencer votre approche de la vie. Si vous considérez les rencontres comme une opportunité d'apprentissage, vous développez une mentalité de croissance. Cela vous permet de voir les défis comme des opportunités plutôt que comme des obstacles insurmontables.

Naviguer dans la vulnérabilité : S'ouvrir à quelqu'un lors d'une rencontre, partager ses peurs, ses rêves et ses désirs, peut être une expérience profondément vulnérable. Ces expériences vous enseignent l'importance de la vulnérabilité dans l'intimité et vous aident à devenir plus courageux en montrant votre vrai moi.

Gérer la solitude : Toutes les rencontres ne conduisent pas à des relations durables. Il y a des moments où vous pourriez vous sentir seul ou désirer une connexion plus profonde. Apprendre à gérer et à embrasser la solitude peut vous aider à développer une relation plus saine avec vous-même.

Valoriser la diversité : Vous rencontrez des personnes issues de différents milieux culturels, sociaux et personnels. Cette diversité peut élargir votre vision du monde et vous aider à comprendre et à apprécier les différences individuelles.

Définir vos limites : À travers les rencontres, vous comprenez mieux ce qui vous met à l'aise et ce qui ne vous convient pas. Cette conscience vous aide à établir et à communiquer vos limites, favorisant des relations plus saines.

Améliorer les compétences décisionnelles : Choisir un partenaire, décider où aller pour un rendez-vous ou quand progresser dans une relation sont autant de décisions qui nécessitent réflexion et discernement. Ces choix vous offrent l'opportunité d'affiner vos compétences décisionnelles.

Flexibilité et adaptabilité : Les choses ne se déroulent pas toujours comme prévu. Peut-être que votre rendez-vous est en retard ou que le restaurant choisi est fermé. Ces petits imprévus vous apprennent à être flexible et à vous adapter aux changements.

Dans l'ensemble, chaque expérience de rendez-vous, qu'elle soit positive ou négative, vous offre une lentille à travers laquelle vous pouvez vous voir et voir le monde sous de nouveaux angles et de nouvelles perspectives. C'est un voyage continu d'autodécouverte, d'introspection et, surtout, de croissance.

Maturation émotionnelle : Une des leçons les plus profondes que les rencontres peuvent offrir est la maturation émotionnelle. Les émotions telles que la jalousie, l'insécurité ou le bonheur deviennent plus palpables lorsque l'on interagit avec un partenaire potentiel. Apprendre à naviguer et à gérer ces émotions est essentiel pour une croissance personnelle durable.

Développement de l'empathie : Lorsque vous êtes confronté à des situations où votre partenaire a des besoins ou des sentiments contradictoires, vous apprenez l'importance de vous mettre à sa place. Cette capacité à comprendre et à partager les sentiments d'une autre personne est essentielle non seulement dans une relation, mais aussi dans les interactions quotidiennes.

L'art de la patience : Toutes les relations ne démarrent pas immédiatement ; certaines demandent du temps et de la patience. Attendre que qu'une relation se développe naturellement enseigne la vertu de la patience et la compréhension que les choses précieuses dans la vie prennent souvent du temps.

L'importance de l'auto-réflexion : Les rendez-vous vous offrent souvent un miroir dans lequel vous pouvez vous réfléchir. Que ce soit un comportement que vous n'appréciez pas chez vous ou une révélation sur ce que vous désirez réellement, les rendez-vous vous poussent à vous analyser à un niveau plus profond.

La résilience face aux défis : Tous les rendez-vous ou relations ne se passent pas comme prévu. Il peut y avoir des cœurs brisés, des malentendus et des déceptions. Cependant, la capacité de se relever et d'essayer à nouveau, armé de sagesse et de compréhension, est un témoignage de la résilience humaine.

Acquérir des compétences d'écoute : Un aspect crucial des rendez-vous est d'écouter sincèrement votre partenaire. Cela améliore non seulement la qualité de la relation, mais affine également vos compétences d'écoute, vous rendant plus attentif et présent dans les conversations.

Connaissance de différents styles de communication : Les gens communiquent de différentes manières. Certains peuvent être directs, tandis que d'autres peuvent préférer des suggestions subtiles. Reconnaître et s'adapter à différents styles de communication est une compétence que vous pouvez perfectionner grâce aux rendez-vous.

Évaluation des priorités : Souvent, les rendez-vous vous confrontent à des décisions concernant vos priorités. Que ce soit choisir entre passer du temps avec un partenaire ou des amis, ou comprendre à quel point la carrière est importante par rapport à la vie amoureuse, les rendez-vous vous obligent à examiner et parfois à redéfinir vos priorités.

Apprécier la solitude : Bien que les rendez-vous se concentrent souvent sur la connexion avec les autres, ils vous apprennent également à apprécier le temps passé seul. Ce temps peut être utilisé pour la réflexion personnelle, la méditation ou simplement pour se détendre.

Dans le parcours des rendez-vous, chaque interaction et chaque moment de réflexion contribuent à votre croissance personnelle. Ce voyage, avec ses hauts et ses bas, est une opportunité inestimable pour devenir la meilleure version de vous-même.

La croissance personnelle à travers les rendez-vous est un processus multifacette et profondément enrichissant. Beaucoup de gens entrent dans le monde des rendez-vous avec l'objectif principal de trouver un partenaire, mais découvrent bientôt que le voyage lui-même offre des leçons de vie précieuses. Chaque interaction, chaque émotion vécue et chaque défi relevé lors des rendez-vous contribue à façonner et à enrichir l'individu, l'aidant à développer une plus grande conscience de soi et de ses relations avec les autres.

Tout d'abord, les rendez-vous peuvent servir de loupe sur nos vulnérabilités et nos forces. Qu'il s'agisse d'insécurités qui surgissent lorsque nous nous confrontons à un partenaire potentiel ou de la joie que nous ressentons lorsque la connexion est authentique, les rendez-vous nous offrent une rétroaction continue sur nos domaines de croissance. Cette rétroaction, même si elle peut parfois être douloureuse, est essentielle à notre développement personnel, car elle nous permet de faire face à et de surmonter nos peurs, nos préjugés et nos insécurités.

De plus, les rendez-vous nous mettent souvent au défi de développer des compétences de communication efficaces. La communication est la clé de toute relation réussie, et à travers les rendez-vous, nous apprenons l'importance d'exprimer nos sentiments, d'écouter activement et de résoudre les conflits de manière constructive. Une fois acquises, ces compétences sont transférables à tous les domaines de notre vie, améliorant non seulement nos relations amoureuses, mais aussi nos relations familiales, amicales et professionnelles.

Un autre aspect crucial de la croissance personnelle à travers les rendez-vous est l'opportunité de réfléchir à nos priorités et à nos valeurs. Alors que nous recherchons un partenaire qui reflète nos idéaux et nos objectifs de vie, nous sommes souvent appelés à réfléchir aux qualités que nous considérons comme importantes, au type de relation que nous désirons et aux objectifs de vie que nous voulons poursuivre. Ce processus de réflexion peut conduire à une plus grande clarté et compréhension de ce que nous voulons de la vie.

Enfin, les rendez-vous nous enseignent l'importance de la résilience. Tous les rendez-vous ou toutes les relations n'ont pas un résultat positif, et faire face à ces défis nous rend plus forts, plus sages et plus capables de faire face à l'adversité à l'avenir.

En résumé, alors que les rendez-vous sont souvent considérés comme un moyen de trouver l'amour, ils représentent également une opportunité inestimable pour la croissance et le développement personnels. À travers les joies et les défis des rendez-vous, nous sommes en mesure d'en apprendre davantage sur nous-mêmes, de développer des compétences essentielles et de devenir des individus plus complets et épanouis.

15. L'importance du temps pour soi : Trover un équilibre entre la recherche d'une relation et prendre soin de soi. L'importance du temps pour soi dans la recherche et la gestion d'une relation est essentielle pour maintenir un sentiment d'équilibre et de bien-être dans sa propre vie. À une époque où nous sommes constamment connectés et sollicités par divers engagements, il est de plus en plus crucial de reconnaître la valeur de consacrer des moments à soi.

Le désir d'avoir une relation amoureuse est inné chez beaucoup d'entre nous. Cependant, alors que nous

nous efforçons de nous connecter avec les autres, nous oublions souvent de cultiver la relation la plus importante : celle avec nous-mêmes. Ce lien intérieur est fondamental pour notre santé mentale, émotionnelle et physique. Prendre soin de soi n'est pas un acte d'égoïsme, mais plutôt une nécessité pour vivre une vie équilibrée et épanouissante.

Lorsque nous nous accordons du temps, nous ne faisons pas seulement le plein d'énergie, mais nous renforçons aussi notre estime de soi, ce qui, à son tour, améliore la qualité de nos relations extérieures. Une personne qui est en paix avec elle-même, qui comprend et accepte ses propres besoins et désirs, est plus susceptible d'établir des relations authentiques et profondes avec les autres.

De plus, la recherche constante d'une relation peut devenir épuisante et générer du stress. Si nous nous concentrons exclusivement sur l'objectif de trouver un partenaire, nous risquons de perdre de vue qui nous sommes réellement et ce que nous voulons vraiment de la vie et des relations. Cela peut conduire à des relations hâtives ou à des compromis malsains.

D'un autre côté, prendre du temps pour soi permet de réfléchir sur ses propres expériences, d'apprendre de ses erreurs et de grandir en tant qu'individu. Cela peut signifier pratiquer la méditation, se consacrer à un passe-temps, lire un livre ou simplement se promener en solitaire. Ces moments sont précieux car ils offrent des espaces d'introspection nécessaires pour mieux comprendre ses propres émotions, aspirations et peurs.

Trouver un équilibre entre la recherche d'une relation et prendre soin de soi signifie également apprendre à établir des limites saines. Si nous sommes dans une relation, il est essentiel de prendre des moments pour soi, de cultiver des passions personnelles et de maintenir un certain degré d'indépendance. Cette autonomie renforce non seulement notre individualité, mais enrichit aussi la relation, car les deux partenaires apportent dans la relation des expériences, des pensées et des émotions uniques.

En conclusion, alors que les relations avec les autres sont une composante essentielle de la vie humaine, il est tout aussi crucial de cultiver la relation avec soi-même. Trouver un équilibre entre ces deux sphères de la vie assure une existence plus harmonieuse et épanouissante. Comme le dit un ancien proverbe : "On ne peut pas verser d'une cruche vide". Prendre soin de soi garantit que nous avons toujours quelque chose à offrir, tant à nous-mêmes qu'aux autres.

16. Reconnaître les signes d'une relation toxique : Drapeaux rouges à surveiller et comment sortir d'une situation nuisible. Reconnaître les signes d'une relation toxique est essentiel pour protéger son bien-être physique, émotionnel et psychologique. Les relations toxiques peuvent se manifester de diverses manières, et malheureusement, de nombreuses personnes restent piégées dans ces situations parce qu'elles ne reconnaissent pas ou qu'elles nient les drapeaux rouges.

Drapeaux rouges à surveiller :

1. **Comportement de contrôle** : Un partenaire toxique cherche souvent à contrôler chaque aspect de la vie de l'autre, des petites décisions quotidiennes aux grands moments de la vie.

2. **Jalousie extrême** : Alors qu'une certaine dose de jalousie peut être naturelle dans une relation, la jalousie extrême, qui se manifeste par des comportements possessifs ou accusatoires, est un signal d'alarme clair.

3. **Communication malsaine** : Un partenaire toxique pourrait éviter la communication ouverte, recourir aux insultes, aux cris ou, au contraire, adopter le silence comme punition.

4. **Manipulation émotionnelle** : Cela peut inclure des tactiques telles que la culpabilisation, les menaces ou l'utilisation de la pitié pour obtenir ce qu'il veut.

5. **Isolement** : Un partenaire toxique peut chercher à isoler l'autre de ses amis, de sa famille ou d'autres formes de soutien extérieur.

6. **Manque de respect** : Cela peut se manifester par des paroles ou des actions qui dévalorisent l'autre partenaire.

7. **Abus physique ou émotionnel** : Toute forme de violence, qu'elle soit physique ou verbale, est un signe clair d'une relation toxique.

8. **Dépendance excessive** : Si un partenaire dépend excessivement de l'autre pour répondre à tous ses besoins émotionnels ou physiques, cela peut indiquer un déséquilibre malsain.

9. **Manque de soutien** : Dans une relation saine, les deux partenaires se soutiennent mutuellement. Si l'un des partenaires dévalue constamment les objectifs ou les rêves de l'autre, c'est un signe préoccupant.

10. **Dishonnêteté et manque de confiance** : La confiance est la base de toute relation saine. Les mensonges, les tromperies ou les secrets peuvent éroder rapidement cette pierre angulaire fondamentale.

Comment sortir d'une situation nuisible :

1. **Reconnaître le problème** : La première étape
   pour sortir d'une relation toxique est de
   reconnaître que la situation n'est pas saine.

2. **Chercher un soutien extérieur** : Parlez à des
   amis, à la famille ou à des professionnels qui
   peuvent offrir une perspective extérieure et un
   soutien pendant cette période difficile.

3. **Établir des limites claires** : Décidez quels
   comportements ne sont pas acceptables et
   communiquez ces limites à votre partenaire.

4. **Faire un plan** : Si vous décidez de quitter la
   relation, il est essentiel d'avoir un plan sur la
   manière de le faire, en particulier s'il y a des
   inquiétudes concernant votre sécurité.

5. **Priorisez votre sécurité** : Dans certaines
   situations, en particulier en cas d'abus, il peut
   être nécessaire de faire appel aux forces de
   l'ordre ou de rechercher un refuge dans un
   centre pour victimes de violence domestique.

6. **Conseil et thérapie** : La thérapie peut offrir
   des outils et des ressources pour aider à
   surmonter le traumatisme d'une relation toxique
   et à construire des relations plus saines à
   l'avenir.

Reconnaître une **relation toxique** est d'autant plus difficile que les émotions, les sentiments et parfois même l'histoire partagée peuvent brouiller notre jugement. L'amour et l'affection peuvent en effet nous pousser à justifier ou minimiser des comportements qui, vus de manière objective, sont clairement nuisibles.

Facteurs de confusion et d'auto-justification : Bien des fois, les personnes impliquées dans des relations toxiques peuvent se dire : "Il/elle ne le fait pas toujours" ou "Parfois, il/elle peut être vraiment gentil(le)". Ces moments de gentillesse intermittente, combinés à des périodes d'abus, créent un cycle qui peut dérouter et piéger la victime dans une spirale d'espoir et de désillusion.

L'effet du temps : Avec le temps, une personne peut devenir insensible ou normaliser certains comportements toxiques. Ce qui était inacceptable au début devient progressivement toléré, abaissant progressivement la norme de ce qui est considéré comme acceptable.

Le rôle de l'estime de soi : Une faible estime de soi peut rendre une personne plus vulnérable aux relations toxiques. Elle peut se sentir indigne de mieux ou craindre de ne pas trouver un autre partenaire qui l'accepte. Cette insécurité peut créer un terrain favorable pour un partenaire manipulateur ou abusif.

L'influence de l'environnement : Parfois, la société, la culture ou la communauté peuvent minimiser ou justifier des comportements toxiques. Des phrases telles que "c'est ainsi que sont les hommes" ou "les femmes sont simplement émotives" peuvent perpétuer des stéréotypes nuisibles et normaliser des comportements inacceptables.

Impact sur la santé mentale et physique : Être impliqué dans une relation toxique peut avoir de graves conséquences sur la santé mentale et physique. L'anxiété, la dépression, les troubles alimentaires et du sommeil ne sont que quelques-unes des conséquences potentielles. La tension constante de vivre dans une situation de stress peut également entraîner des problèmes physiques tels que des maux de tête, des problèmes digestifs et une capacité réduite à lutter contre les maladies en raison du stress chronique.

L'importance de l'éducation : S'éduquer sur les signes et les comportements toxiques est essentiel. Cela peut aider à reconnaître les premiers signes avant qu'ils ne deviennent graves. Des séminaires, des ateliers et des livres peuvent fournir un précieux guide.

Le pouvoir du réseau de soutien : Même s'il peut sembler difficile, partager ses expériences avec des personnes de confiance peut apporter une perspective extérieure. Les amis et la famille peuvent reconnaître les signes d'une relation toxique avant la personne concernée et fournir un soutien précieux.

Enfin, il est essentiel de se rappeler que chaque individu mérite le respect, l'amour et les soins dans une relation. Si ces éléments font défaut ou sont obscurcis par des comportements nuisibles, il pourrait être temps de réexaminer la relation et de rechercher un soutien extérieur.

Reconnaître les signes d'une **relation toxique** est essentiel pour le bien-être individuel et l'estime de soi. Cependant, affronter et accepter le fait que l'on puisse être impliqué dans une telle relation peut être difficile et douloureux. Une compréhension détaillée de ce qui rend une relation nuisible est la première étape vers la protection de soi-même.

1. **Cycle des comportements** : l'une des caractéristiques saillantes des relations toxiques est leur cyclicité. Des moments de tension, suivis d'un incident (souvent un comportement nuisible), puis une lune de miel où tout semble revenir à la normale. Ce cycle peut se répéter de nombreuses fois, rendant difficile pour la victime de reconnaître la toxicité ou de briser ce cycle.

2. **Normalisation des dommages** : avec le temps, certains comportements toxiques peuvent sembler être la norme. La distinction

entre ce qui est normal et ce qui ne l'est pas devient floue, et la personne concernée peut commencer à justifier ou à minimiser le comportement de son partenaire.

3. **Impact sur la santé** : une relation toxique a un impact non seulement émotionnel, mais peut aussi se manifester physiquement. Le stress, l'insomnie, les problèmes digestifs ou même des symptômes de troubles post-traumatiques peuvent apparaître.

4. **Pression extérieure** : les amis, la famille ou la société peuvent parfois exercer des pressions sur un individu pour qu'il maintienne une relation, pour diverses raisons, comme les attentes culturelles ou les préoccupations concernant la "honte" familiale. Ces pressions peuvent rendre encore plus difficile pour l'individu de reconnaître ou de quitter une relation toxique.

5. **Étapes vers la guérison** : une fois que la toxicité d'une relation est reconnue, il est essentiel de chercher du soutien. Cela peut inclure la thérapie, les groupes de soutien ou simplement parler à des personnes de confiance. Quitter une relation nuisible n'est que la première étape ; la guérison peut prendre du temps et des ressources.

6. **L'importance de la prévention** : s'éduquer sur les signes d'une relation toxique et établir des limites claires dès le départ peut aider à prévenir l'entrée dans des relations nuisibles à l'avenir.

En conclusion, une relation devrait être une source de soutien, d'amour et de compréhension mutuelle. Lorsque ces qualités fondamentales font défaut ou sont remplacées par des comportements nuisibles, il est essentiel d'avoir le courage et les ressources pour le reconnaître et prendre des mesures pour se protéger. Chaque individu a le droit de se sentir valorisé, respecté et en sécurité dans ses relations.

17. De rendez-vous à relation : Comment effectuer la transition et quand est le bon moment.

La transition des rencontres occasionnelles à une relation stable et engagée est l'une des étapes les plus cruciales du parcours romantique de nombreuses personnes. Chaque histoire d'amour est unique, mais il existe quelques signes et considérations universels qui peuvent vous guider pour comprendre quand et comment effectuer cette transition de manière efficace et consciente.

1. Communication claire : Avant tout, la clarté dans la communication est essentielle. Si vous sentez que la relation devient plus sérieuse et que vous souhaitez vous engager plus profondément, il est essentiel d'exprimer vos sentiments à l'autre personne et de voir si elle partage vos émotions et intentions.

2. Exclusivité mutuelle : Avec le temps, vous pourriez commencer à remarquer que vous choisissez tous les deux de passer votre temps libre ensemble plutôt qu'avec d'autres personnes ou partenaires potentiels. C'est souvent un signe que vous voyez tous les deux l'autre comme un partenaire potentiel à long terme.

3. Partage de valeurs et d'objectifs de vie : Avant de franchir le grand pas, il est bon d'évaluer si vous partagez des valeurs similaires et avez des objectifs de vie compatibles. Cela peut inclure des opinions sur la famille, la carrière, les valeurs éthiques, etc.

4. Présentation aux amis et à la famille : Lorsque vous commencez à présenter votre partenaire à vos proches et vice versa, c'est souvent un signe que la relation devient plus sérieuse et que vous envisagez un avenir ensemble.

5. Clarification des attentes : Parlez ouvertement de vos attentes pour l'avenir de la relation. Souhaitez-vous tous les deux un engagement à long terme ? Y a-t-il des problèmes ou des préoccupations à aborder ?

6. Affronter les défis ensemble : Observez comment vous faites face aux défis ou aux conflits en tant que couple. Si vous pouvez traverser les moments difficiles ensemble et trouver des solutions en équipe, c'est un signe positif pour une relation durable.

7. Évaluer le bon moment : Il n'y a pas de calendrier fixe pour savoir quand est le bon moment pour passer des rendez-vous à une relation. Pour certains, cela peut être après quelques semaines, pour d'autres, cela peut prendre des mois. L'essentiel est que vous vous sentiez tous les deux prêts et sur la même longueur d'onde.

8. Maintenir l'individualité : Même si vous décidez de vous engager dans une relation, il est essentiel de préserver votre individualité. Cela signifie respecter votre espace personnel, avoir des passe-temps ou des activités personnelles et ne pas perdre de vue qui vous êtes en tant qu'individu.

9. Établissement de limites : Une fois que vous avez décidé de commencer une relation, il est important d'établir des limites claires sur ce avec quoi vous êtes à l'aise, que ce soit en termes de communication, d'intimité, d'attentes temporelles ou d'autres aspects de la vie de couple.

10. Croissance et adaptation : N'oubliez pas que les relations nécessitent du travail, de la compréhension et de l'adaptation. Alors que vous effectuez la transition, il est essentiel de rester ouvert à l'apprentissage et à la croissance avec votre partenaire.

Confiance mutuelle : La confiance est la pierre angulaire de toute relation solide. Construire la confiance nécessite du temps, de la sincérité et de la cohérence. Il ne s'agit pas seulement d'être fidèle l'un à l'autre, mais aussi de pouvoir compter l'un sur l'autre en cas de besoin, d'être transparent dans vos intentions et de faire preuve d'intégrité dans tous les aspects de votre vie.

Compromis : Dans toute relation, en particulier lorsque les choses deviennent sérieuses, le compromis devient essentiel. Les deux partenaires doivent être prêts à céder sur certains points pour le bien de la relation. Cela ne signifie pas sacrifier vos valeurs fondamentales, mais plutôt trouver un terrain d'entente sur des questions mineures, comme où passer les vacances ou comment répartir les responsabilités domestiques.

Partage d'expériences : Le partage d'expériences, qu'elles soient positives ou négatives, peut renforcer le lien entre deux personnes. Voyager ensemble, faire face à des défis, célébrer des succès ou simplement passer des soirées tranquilles à la maison peuvent créer des souvenirs durables qui constituent la base de votre histoire d'amour.

Engagement financier : Une fois que la relation devient plus sérieuse, vous pourriez commencer à partager des responsabilités financières, telles que le loyer, les factures, voire planifier des achats importants tels qu'une maison ou des vacances. Discuter ouvertement des finances et établir un plan sur la gestion de l'aspect financier peut prévenir les conflits futurs.

Intégration dans les familles respectives : En plus de présenter votre partenaire à votre entourage, une relation sérieuse peut également nécessiter de participer à des événements familiaux, des fêtes et des occasions spéciales comme les mariages ou les baptêmes. Ces situations peuvent offrir une opportunité pour mieux comprendre le contexte et les valeurs de votre partenaire.

Planification de l'avenir : Alors que les rendez-vous peuvent se concentrer sur le "ici et maintenant", une relation sérieuse conduit souvent à la planification de l'avenir. Cela peut inclure des discussions sur le mariage, la formation d'une famille, les priorités de carrière et l'endroit où vous souhaitez vivre à long terme.

Affronter les difficultés : Toutes les relations traversent des périodes difficiles. Que ce soit en raison du stress extérieur, comme des problèmes de travail ou de santé, ou des tensions internes, comme des désaccords ou des malentendus, il est essentiel de posséder les compétences et la patience nécessaires pour faire face à ces moments. Une relation solide se construit sur la capacité à surmonter les adversités ensemble.

Réflexion et auto-analyse : Avec le temps, il est utile que les deux partenaires réfléchissent à la direction que prend leur relation. Y a-t-il des aspects qui pourraient être améliorés ? Y a-t-il des problèmes non résolus à aborder ? Prendre le temps de l'introspection peut aider à garantir que la relation reste solide et saine.

Le passage de rendez-vous occasionnels à une relation engagée est riche en opportunités et en défis. Les deux partenaires doivent être prêts à se mettre en jeu, à être vulnérables et à apprendre l'un de l'autre. Avec dévouement, compréhension et engagement, il est possible de construire une base solide sur laquelle fonder une relation durable.

Dans le contexte des rencontres et de la formation de relations durables, il y a d'autres aspects et réflexions à prendre en compte :

Attentes claires : Une fois qu'un certain degré de proximité est atteint, il est important que les deux partenaires expriment clairement leurs attentes. Cela peut concerner des questions telles que la monogamie, l'implication avec les amis et la famille, ou simplement comment passer du temps ensemble. Communiquer ouvertement ses espoirs et attentes peut prévenir d'éventuels malentendus.

Habitudes quotidiennes : Lorsque l'on commence à passer plus de temps ensemble, les habitudes et routines quotidiennes de chacun émergent. Il peut être nécessaire d'apporter de petits ajustements à ses routines pour mieux intégrer la présence de l'autre dans sa vie. Cela peut inclure des modes de vie, des rythmes de sommeil, des préférences alimentaires, etc.

Gestion des conflits : Avec une plus grande proximité, des conflits peuvent également surgir. Plutôt que de les éviter, il est important de les aborder avec maturité, en écoutant activement le point de vue de l'autre et en cherchant des solutions constructives.

Élargissement des horizons : Être en relation peut aussi offrir l'opportunité d'explorer de nouvelles activités ou intérêts. Peut-être que votre partenaire a des passe-temps ou des passions que vous ne connaissiez pas, et vice versa. S'immerger dans de nouvelles expériences ensemble peut renforcer le lien.

Soutien émotionnel : À mesure que la relation se approfondit, il devient essentiel de fournir un soutien émotionnel mutuel. Cela peut signifier réconforter votre partenaire lors de moments de stress ou de tristesse, ou célébrer ensemble les succès.

Éducation mutuelle : Chaque individu apporte dans la relation un bagage d'expériences, de connaissances et de points de vue. Il y a toujours quelque chose de nouveau à apprendre de son partenaire, que ce soit des compétences pratiques, des connaissances culturelles ou simplement une manière différente de voir le monde.

Santé et bien-être : Avec une relation plus sérieuse, des questions liées à la santé et au bien-être de chacun peuvent émerger, de la nutrition et de l'exercice mental et émotionnel. Se soutenir mutuellement dans ces domaines peut conduire à une vie plus saine et plus heureuse ensemble.

Considérations légales et financières : À un certain stade, vous pourriez commencer à envisager des aspects plus formels de votre relation, tels que la cohabitation, le partage des responsabilités financières ou même le mariage éventuel. Ces décisions peuvent avoir des implications légales et financières qu'il est bon de prendre en considération. **Maintenir son individualité :** Même s'il est naturel que deux personnes deviennent plus proches dans une relation, il est essentiel de se rappeler l'importance de l'individualité. Chaque partenaire devrait avoir de l'espace et du temps pour lui-même, pour cultiver ses propres intérêts et maintenir un sens de son identité personnelle.

La transition des rencontres occasionnelles à une relation structurée est un chemin unique pour chaque couple. Cependant, grâce à la compréhension mutuelle, à la communication et à l'engagement, il est possible de construire une base solide qui peut soutenir une relation durable et gratifiante.

En conclusion, la transition des rencontres occasionnelles à une relation stable est un processus délicat, complexe et souvent non linéaire. Cette phase cruciale peut déterminer la stabilité et la résilience d'une relation à long terme. Certains facteurs clés à garder à l'esprit lors de cette transition incluent :

Timing et Rythme : Toutes les relations ne se développent pas au même rythme. Il est essentiel de respecter son propre timing et celui de son partenaire. Pousser trop fort ou trop rapidement peut causer des tensions, tandis que progresser trop lentement peut indiquer un manque d'intérêt ou d'engagement.

Communication : Pendant cette phase, il est essentiel de maintenir des canaux de communication ouverts et honnêtes. Discuter de ses sentiments, de ses attentes et de ses préoccupations peut aider les deux partenaires à mieux comprendre la direction que prend la relation et à aborder d'éventuels problèmes avant qu'ils ne deviennent insurmontables.

Conscience : À mesure que l'engagement devient plus profond, il est essentiel de réfléchir à ce que l'on souhaite vraiment dans une relation et si le partenaire actuel répond à ces désirs. On ne devrait jamais passer à une relation sérieuse simplement pour le faire ou en raison de pressions extérieures. **Évaluation des valeurs et des objectifs :** Le partage de valeurs fondamentales et d'objectifs de vie peut être un indicateur fort de la compatibilité à long terme. S'il existe des divergences fondamentales, c'est le moment de les aborder et de considérer si elles peuvent être résolues. **Intimité et Vulnérabilité :** À mesure que la relation s'approfondit, on s'expose de manière plus significative à son partenaire. Cette vulnérabilité peut être effrayante, mais c'est aussi un élément essentiel pour construire une connexion profonde et significative. **Considérations Pratiques :** À un certain stade, des discussions sur des questions pratiques peuvent émerger, telles que la cohabitation, les finances communes ou la planification future. Ces discussions peuvent révéler une compatibilité supplémentaire ou des domaines de préoccupation. **Soutien Externe :** Les amis, la famille et les conseillers peuvent offrir des perspectives précieuses sur la relation. Bien que la décision finale appartienne toujours au couple, prendre en compte les retours extérieurs peut être utile.

En résumé, la transition des rencontres à une relation sérieuse nécessite réflexion, communication et engagement des deux parties. Chaque relation est unique, mais en approchant cette phase avec ouverture, honnêteté et soin, les couples peuvent construire une base solide pour un lien durable.

18. Le rôle de l'intimité : • Abordons l'intimité physique et émotionnelle dans une relation.

L'intimité, qu'elle soit physique ou émotionnelle, est un élément fondamental des relations amoureuses. Elle représente la profondeur du lien entre deux individus, influençant la qualité et la durée de la relation elle-même. Explorons les différents aspects et facettes de l'intimité dans les relations :

Intimité émotionnelle : L'intimité émotionnelle consiste à partager ses sentiments, ses peurs, ses espoirs et ses rêves avec son partenaire, en se sentant compris et accepté. Elle concerne la profondeur de la connexion émotionnelle entre deux personnes, le niveau de confiance mutuelle et la capacité à être vulnérable l'un envers l'autre.

1. **Vulnérabilité :** Pour atteindre une véritable intimité émotionnelle, il est essentiel de se permettre d'être vulnérable. Cela signifie s'ouvrir sincèrement, exprimer ses sentiments, y compris ceux d'insécurité ou de peur.

2. **Écoute active :** L'intimité grandit lorsque l'on écoute sincèrement son partenaire, en essayant

de comprendre ses sentiments et ses préoccupations sans jugement.

3. **Empathie :** Partager les émotions avec son partenaire, et non seulement pour lui, est un élément clé de l'intimité émotionnelle. L'empathie permet de se connecter à un niveau plus profond, en montrant compréhension et soutien.

Intimité physique : L'intimité physique fait référence à la connexion et au contact physique entre deux personnes. Elle peut aller des gestes affectueux, tels que se tenir la main ou s'embrasser, à des moments de passion et d'intimité sexuelle plus poussés.

1. **Expression des désirs :** La capacité à communiquer ouvertement ses désirs et besoins physiques est essentielle pour construire une intimité physique satisfaisante.

2. **Conscience de son propre corps :** Être à l'aise avec son propre corps et comprendre ses besoins est essentiel pour établir une véritable connexion physique avec un partenaire.

3. **Respect des limites :** Chaque individu a des limites différentes en ce qui concerne l'intimité physique. Les respecter et les communiquer

clairement est essentiel pour construire la confiance et la compréhension.

Équilibre entre l'intimité émotionnelle et physique : L'intimité émotionnelle et physique ne progressent pas toujours au même rythme dans une relation. Il peut arriver qu'un couple ait une profonde intimité émotionnelle mais ait du mal à trouver une connexion physique, et vice versa.

1. **Communication :** Parler ouvertement de ses besoins et attentes aide à trouver un équilibre entre l'intimité physique et émotionnelle.

2. **Patience :** Il peut y avoir des moments où l'un des types d'intimité peine à se développer. Être patient et laisser du temps au partenaire pour s'ouvrir ou s'adapter est crucial.

Défis et obstacles : Certaines personnes peuvent avoir du mal à aborder l'intimité en raison de traumatismes passés, d'insécurités personnelles ou de relations toxiques antérieures. Il est essentiel de reconnaître ces obstacles et, si nécessaire, de rechercher un soutien externe ou une thérapie pour les surmonter.

En résumé, l'intimité, qu'elle soit émotionnelle ou physique, est un aspect essentiel des relations. Elle demande de la communication, de la compréhension, du respect et de l'engagement des deux parties pour se développer pleinement et soutenir une connexion authentique et durable.

L'intimité dans une relation n'est pas un concept statique mais évolue et change avec le temps, en fonction des étapes de la vie, des expériences et des changements personnels de chaque partenaire. C'est une danse complexe d'émotions, de sensations et de désirs qui doivent être constamment équilibrés et renégociés.

Explorons davantage ce concept en plongeant dans les différentes dimensions de l'intimité :

La Connexion Mentale : En plus de l'intimité émotionnelle et physique, il y a aussi l'intimité intellectuelle. Ce type de connexion se développe lorsque deux personnes partagent des pensées, des idées et des discussions profondes. Une conversation stimulante peut être aussi intime et gratifiante qu'une étreinte ou un baiser.

L'Intimité Spirituelle : Certains couples trouvent une profonde connexion à travers la spiritualité ou la religion. Ce type d'intimité peut se manifester sous de nombreuses formes, comme la prière partagée, la méditation ou la participation à des rituels religieux ensemble. L'intimité spirituelle peut fournir une base solide de valeurs et de croyances communes.

L'Intimité à travers les Intérêts Partagés : Le partage de passe-temps et de passions peut renforcer le lien entre deux personnes. Que ce soit cuisiner ensemble, faire des randonnées ou regarder des films, ces activités partagées peuvent devenir des moments spéciaux de connexion.

La Routine et l'Intimité Quotidienne : L'intimité ne se manifeste pas toujours par de grands gestes ou des discussions profondes. Parfois, elle se trouve dans les petites choses, comme prendre le petit déjeuner ensemble tous les matins, s'envoyer des messages pendant la journée ou simplement s'endormir l'un à côté de l'autre chaque nuit.

Défis à l'Intimité : Plusieurs facteurs peuvent entraver l'intimité dans une relation. Le stress, les problèmes de santé, les problèmes au travail ou les problèmes familiaux peuvent créer une barrière. En ces moments, il est important de reconnaître l'importance de rechercher des moments de connexion, même s'ils sont courts ou simples.

La Technologie et l'Intimité : Nous vivons à une époque où la technologie joue un rôle prédominant dans notre vie quotidienne. D'un côté, elle peut aider à maintenir une connexion avec son partenaire, surtout à distance, mais de l'autre, elle peut devenir un obstacle si elle est utilisée de manière excessive. Il est essentiel de trouver un équilibre, en veillant à consacrer du temps à la connexion en face à face.

Le Besoin d'Espace : Alors que l'intimité est essentielle, il est tout aussi important de reconnaître la valeur de l'espace personnel. Chaque individu a besoin de temps pour lui, pour réfléchir, se ressourcer ou simplement se détendre.

Dans l'ensemble, l'intimité dans une relation est un mélange de différentes connexions qui s'entrelacent. C'est un voyage de découverte et de compréhension mutuelle qui demande de l'engagement, de la communication et de l'amour. Chaque relation a son propre rythme, et trouver le bon équilibre d'intimité est un processus en constante évolution.

L'intimité est souvent perçue comme le cœur palpitant d'une relation. Au-delà des définitions traditionnelles, l'intimité s'étend bien au-delà de la sphère physique ou émotionnelle, devenant une compréhension profonde et une interconnexion entre les individus. Plusieurs facettes de l'intimité peuvent éclairer davantage sa complexité et sa profondeur :

Intimité en tant qu'Empathie Résonnante : Lorsque deux personnes sont intimement connectées, elles peuvent souvent "ressentir" les émotions de l'autre, même sans mots. Cette résonance empathique permet à chaque partenaire de percevoir la joie, la douleur, l'excitation ou la tristesse de l'autre, créant un

lien profond qui va au-delà de la simple
compréhension.

Croissance à travers la Vulnérabilité : Se
montrer vulnérable est un aspect crucial de l'intimité.
Cela révèle qui nous sommes vraiment, avec toutes nos
qualités et nos défauts. À travers la vulnérabilité, nous
montrons notre véritable essence à notre partenaire,
permettant une connexion authentique.

Intimité comme Reflet : Dans une relation
profondément intime, le partenaire agit souvent
comme un miroir, reflétant des aspects de nous-
mêmes que nous pourrions ne pas voir. Cela peut
conduire à des prises de conscience personnelles
profondes et à une croissance mutuelle.

Intimité et Chronologie : Au fil du temps, l'histoire
partagée entre les partenaires devient une forme
d'intimité en soi. Les souvenirs partagés, les défis
surmontés ensemble et les aventures vécues
contribuent à former un lien unique que seules ces
deux personnes peuvent pleinement comprendre.

L'Art de la Non-Communication : Parfois,
l'intimité ne nécessite pas de mots. Elle peut être
trouvée dans un silence partagé, dans un regard ou
dans un simple geste. Ces moments de non-
communication peuvent souvent en dire plus que mille
mots.

Intimité dans les Moments Difficiles : Il est facile de se sentir connecté lorsque tout va bien, mais la véritable intimité se manifeste également dans les moments de crise. La façon dont un couple affronte les défis ensemble, se soutient mutuellement et navigue à travers les tempêtes peut révéler la profondeur de leur connexion.

Adaptation et Changement : Les individus changent avec le temps, tout comme les relations. L'intimité nécessite une adaptabilité continue, en reconnaissant et en accueillant les changements en soi et chez son partenaire.

Limites et Intimité : Bien que l'intimité implique proximité et connexion, il est essentiel de reconnaître et de respecter les limites. Chaque individu a des frontières personnelles, et une partie de l'intimité consiste à apprendre où se trouvent ces limites et comment les respecter.

L'intimité au-delà du Couple : Bien que nous discutions principalement de l'intimité dans un contexte romantique, il est essentiel de reconnaître que l'intimité peut exister sous de nombreuses autres formes. Les amitiés profondes, les liens familiaux et même les connexions avec les animaux de compagnie peuvent offrir des niveaux d'intimité qui enrichissent notre expérience humaine.

En résumé, l'intimité est un concept multiforme, un voyage en constante évolution qui demande attention, soin et une profonde conscience de soi et de l'autre. À travers l'intimité, nous sommes invités à voir et à être vus, à connaître et à être connus, de manière à enrichir profondément notre expérience de la vie et des relations.

La compréhension de l'intimité dans une relation va bien au-delà de la simple connaissance ou familiarité physique avec son partenaire. L'intimité, dans sa forme la plus pure, est la fusion des âmes, des esprits et des corps dans une union qui transcende la simple présence physique. C'est la capacité de voir et d'être vu, de comprendre et d'être compris, sans jugement et avec une acceptation totale.

Profondeur Emotionnelle : L'intimité plonge ses racines dans la profondeur des émotions partagées. Elle permet à chaque partenaire de se sentir en sécurité, accueilli et aimé pour ce qu'il est réellement, sans masques ni défenses. Cette profondeur émotionnelle peut offrir un sentiment d'appartenance et de connexion rare et précieux.

Vulnérabilité : Au cœur de l'intimité se trouve la vulnérabilité. Il s'agit de briser les barrières, en exposant nos insécurités, nos peurs, nos espoirs et nos rêves à notre partenaire. Cette ouverture permet un niveau de compréhension et de connexion qui ne serait pas autrement possible.

Résonance Empathique : L'intimité se manifeste également par une profonde empathie mutuelle, où chaque individu peut percevoir et résonner avec les émotions de l'autre. Cela crée un cycle de compréhension et de soutien, renforçant encore le lien entre les partenaires.

Croissance et Adaptation : La vraie intimité n'est pas statique. Elle évolue et grandit avec le temps, s'adaptant aux défis et aux changements que chaque partenaire traverse dans la vie. Cette capacité à grandir ensemble, plutôt qu'en séparément, est essentielle pour maintenir une connexion profonde et significative.

Respect des Limites : Tout en recherchant une intimité profonde, il est essentiel de reconnaître et de respecter les limites personnelles. Cet équilibre entre la proximité et l'espace individuel permet une connexion saine et mutuellement respectueuse.

En conclusion, l'intimité est l'un des piliers fondamentaux d'une relation saine et épanouissante. Elle doit être cultivée avec soin, attention et engagement des deux partenaires. Lorsqu'elle est authentique et réciproque, l'intimité peut élever une relation au-delà des défis quotidiens, créant un lien capable de résister aux tempêtes de la vie. À travers l'intimité, les individus ne partagent pas seulement leur existence physique, mais fusionnent émotionnellement, mentalement et spirituellement, vivant la beauté et la profondeur d'une connexion authentique et durable.

18. **Gestion des conflits :** Techniques et conseils pour aborder et résoudre les conflits dans une relation.

La gestion des conflits est un élément crucial dans chaque relation. Toutes les relations, peu importe leur solidité ou leur santé, connaissent inévitablement des moments de désaccord ou de tension. Cependant, la capacité à aborder ces moments avec maturité et compréhension peut faire la différence entre une relation qui se renforce à travers les défis et une relation qui s'affaiblit, voire se brise.

Écoute Active : Avant de répondre ou de réagir à un conflit, il est essentiel d'écouter attentivement ce que l'autre a à dire. Cela signifie non seulement écouter les mots, mais aussi essayer de comprendre les émotions et les sentiments qui se cachent derrière ces mots. L'écoute active demande un effort conscient pour se mettre à la place de l'autre et essayer de voir la situation de sa perspective.

Communication Non Violente : Cette technique se concentre sur l'expression honnête de ses propres sentiments et besoins sans accuser ni critiquer le partenaire. Il s'agit de parler à la première personne, en évitant de blâmer le partenaire. Par exemple, au lieu de dire "Tu me fais me sentir ignoré", on pourrait dire "Je me sens ignoré quand tu ne me prêtes pas attention".

Prendre des pauses : Si une discussion devient particulièrement animée ou émotionnelle, il peut être utile de faire une pause. Cela donne aux deux partenaires l'occasion de se calmer, de réfléchir et de revenir au problème avec un esprit plus clair.

Respect Réciproque : Même en cas de désaccord, il est essentiel de maintenir un sentiment de respect mutuel. Cela signifie éviter de crier, d'insulter ou de faire des commentaires dégradants. Le respect est la base sur laquelle repose la confiance et la compréhension.

Recherche de Solutions Compromissoires : Souvent, les conflits naissent de différences d'opinion ou de désirs. Au lieu de chercher à "gagner" la discussion, il est utile de rechercher des solutions qui peuvent satisfaire les deux parties, même si cela signifie faire des concessions.

Consultation Professionnelle : Si les conflits deviennent fréquents ou particulièrement graves, il peut être utile de consulter un thérapeute de couple ou un médiateur. Ces professionnels peuvent offrir des outils et des techniques pour aider les couples à communiquer de manière plus efficace et à résoudre les conflits.

La gestion des conflits, bien que complexe, peut être explorée sous de nombreux aspects, en examinant des nuances et des détails supplémentaires qui la concernent. La capacité à gérer les conflits n'est pas seulement une compétence clé pour maintenir des relations saines, mais peut également avoir un impact sur la croissance personnelle et le bien-être émotionnel.

Auto-Conscience : La compréhension de soi et de ses réactions émotionnelles est la première étape pour gérer efficacement les conflits. Se demander pourquoi une certaine situation ou un certain commentaire suscite une réaction spécifique peut aider à comprendre ses propres insécurités ou points sensibles. Une fois identifiés, il devient plus facile de les affronter et de les communiquer à son partenaire.

Éviter le Langage Absolu : L'utilisation de mots comme "toujours" ou "jamais" peut généraliser et aggraver un conflit. Par exemple, dire "Tu ne m'écoutes jamais" peut sembler être une accusation totale, tandis que "Parfois, je me sens ignoré" laisse place au dialogue et à la compréhension.

Feedback Constructif : Au lieu de se concentrer uniquement sur ce qui ne va pas, il est utile de présenter les choses de manière positive, en suggérant comment elles pourraient s'améliorer. Cette approche a moins de chances de mettre le partenaire sur la défensive et ouvre la voie à une communication plus productive.

Empathie : Essayez de vous mettre à la place de votre partenaire et imaginez comment vous vous sentiriez dans sa situation. Cette perspective peut aider à comprendre ses actions et réactions, même si vous ne les partagez pas. L'empathie peut créer un environnement plus compatissant pour résoudre les désaccords.

Éviter la Stagnation : Lorsqu'un conflit semble tourner en rond sans solution en vue, il peut être utile de changer d'approche ou d'environnement. Parfois, faire une promenade ou déplacer la conversation dans un endroit différent peut aider à briser l'impasse.

Accepter les Différences : Toutes les questions ne seront pas résolues par un accord mutuel. Parfois, accepter que vous avez des opinions différentes et convenir de ne pas être d'accord peut être la meilleure façon d'avancer.

Rappeler la Vue d'Ensemble : Au milieu d'un conflit, il peut être facile de perdre de vue la vue d'ensemble. Cependant, il est essentiel de se rappeler pourquoi on est dans cette relation et quels sont les aspects positifs qui la rendent spéciale. Cela peut aider à mettre les choses en perspective et à se concentrer sur ce qui est vraiment important.

Établir des "Règles" : Certaines couples trouvent utile d'établir des règles de base pour les conflits, comme ne pas se coucher en colère ou ne jamais élever la voix. Ces règles peuvent 164ompre de lignes directrices pour garantir que les désaccords restent productifs et respectueux.

De plus, dans le 164ompreh de la gestion des conflits, il est important de se rappeler que chaque personne et chaque couple est unique. Ce qui fonctionne pour un couple peut ne pas fonctionner pour un autre. La clé est de trouver un équilibre et des techniques qui correspondent à vos besoins et à votre dynamique spécifiques.

Communication Non Verbale : En plus des mots, notre corps communique beaucoup. Les yeux, la posture et le ton de la voix peuvent transmettre des messages puissants. Par exemple, un ton de voix froid ou un regard évasif peuvent communiquer de la distance ou de la colère, même si les mots prononcés sont neutres. Être conscient de sa communication non verbale et interpréter correctement celle du partenaire peut faire une grande différence dans la compréhension mutuelle.

Respect du Temps : Si l'un des partenaires n'est pas prêt à discuter ou est trop émotionnel, il peut être bénéfique de reporter la discussion à un moment ultérieur où les deux peuvent parler plus sereinement.

Thérapie de Couple : Dans certains cas, il peut être utile de rechercher l'aide d'un professionnel, tel qu'un thérapeute de couple. Ces 165omprehensi sont formés pour aider les couples à naviguer à travers les conflits en offrant des outils et des 165omprehens pour améliorer la communication et la 165omprehension mutuelle.

Reconnaître ses Propres Erreurs : L'humilité joue un rôle crucial dans la gestion des conflits. Reconnaître quand on a 165ompreh quand on aurait pu gérer une situation de manière plus appropriée est essentiel pour construire la confiance et l'intimité.

Écoute Active : Cette technique implique d'écouter attentivement ce que l'autre dit sans l'interrompre, puis de reformuler ou de répéter ce qui a été dit pour s'assurer de bien comprendre. L'écoute active peut prévenir les malentendus et montrer au partenaire que l'on se soucie vraiment de ce qu'il a à dire.

Gestion du Stress : Le stress extérieur, tel que le travail ou les préoccupations financières, peut influencer la dynamique de la relation. Trouver des moyens de gérer le stress 166omprehens, 166ompr que la 166omprehens, l'exercice physique ou le temps passé dans la nature, peut prévenir les conflits inutiles 166ompre par des tensions 166ompreh.

S'instruire : Il existe de nombreux livres, cours et séminaires consacrés à l'art de la communication et à la gestion des conflits dans les relations. Investir du temps dans l'auto-éducation dans ces domaines peut offrir de 166omprehen perspectives et des outils utiles.

Conflit comme Opportunité : Au lieu de voir le conflit comme un problème, il peut être considéré comme une opportunité de croissance et de renforcement de la connexion dans la relation. En abordant les 166omprehe de front et en surmontant les défis ensemble, les couples peuvent renforcer leur lien et construire une base plus solide pour l'avenir.

En fin de compte, il est essentiel de se rappeler que les conflits font partie naturelle de chaque relation. Ce qui compte vraiment, c'est comment ils sont gérés et comment ils peuvent être utilisés comme un tremplin pour une connexion plus profonde et un amour plus fort.

La gestion des conflits dans une relation représente l'un des aspects fondamentaux pour déterminer la santé et la longévité du lien entre deux personnes. En creusant plus profondément, nous pouvons réfléchir à ses facettes intrinsèques et aux outils que les couples peuvent utiliser pour faire face et résoudre les divergences.

Origines du Conflit : À la base de chaque conflit, il y a souvent une 167omprehens d'opinions, de valeurs, d'attentes ou de besoins. Ces 167omprehensi peuvent découler de milieux culturels, éducatifs ou familiaux différents, d'expériences de relation antérieures ou de changements dans la dynamique de la vie, 167ompr que le stress au travail ou l'arrivée d'un enfant.

Importance de la Communication : La clé pour résoudre les conflits réside dans la capacité à communiquer efficacement. Cela ne signifie pas simplement parler, mais plutôt partager ses sentiments, ses besoins et ses préoccupations d'une manière que l'autre partenaire puisse comprendre. L'objectif n'est pas de gagner une discussion, 'ais de trouver une solution commune qui satisfait les deux parties.

Empathie : Se mettre à la place de l'autre est essentiel. L'empathie permet de voir la situation sous un autre angle et de comprendre les raisons et les émotions de l'autre. Une telle compréhension peut souvent réduire les tensions et faciliter une solution.

Gestion des Émotions : Pendant un conflit, les émotions peuvent devenir intenses. Reconnaître et gérer ses propres émotions est crucial pour éviter que la situation ne dégénère. Cela peut inclure faire une pause, respirer profondément ou même reporter la discussion si nécessaire.

Limites et Frontières : Dans chaque relation, il est important d'établir et de respecter certaines limites. Cela inclut les comportements acceptables lors d'un différend. Par exemple, crier, insulter ou 168omprehe un langage offensant devrait être évité.

Construction de Solutions : Au lieu de se concentrer sur le problème, les couples devraient travailler ensemble pour trouver des solutions. Cela peut nécessiter des compromis des deux côtés, mais à la fin, cela peut aboutir à une solution qui renforce la relation.

Prévention : Une fois que les causes courantes de conflit ont été identifiées, les couples peuvent travailler pour les prévenir à l'avenir. Cela pourrait inclure la planification de vérifications régulières, l'établissement de nouvelles routines ou l'adoption de techniques de gestion du stress.

Les Experts et la Thérapie : Si les conflits continuent à se reproduire et que les stratégies adoptées ne semblent pas fonctionner, il peut être utile de consulter un thérapeute de couple ou un autre professionnel. Parfois, avoir une troisième partie neutre peut aider à identifier des problèmes profonds et à travailler sur des solutions.

En conclusion, aborder les conflits dans une relation n'est pas seulement inévitable, mais peut également être constructif. S'ils sont gérés correctement, ils peuvent offrir des opportunités de croissance, approfondir la compréhension mutuelle et renforcer le lien entre les partenaires. L'essentiel réside dans l'approche : aborder les conflits avec amour, respect et l'objectif d'une compréhension mutuelle peut transformer ces moments en jalons significatifs dans l'histoire d'un couple.

20. Conclusion : Réflexions finales et encouragement pour les femmes à entrer dans le monde des rencontres avec confiance et authenticité.

Conclusion : Réflexions sur l'Art des Rencontres

Au cours de ce vaste voyage à travers les multiples aspects du monde des rencontres, nous avons exploré divers thèmes, des détails pratiques des rencontres en ligne à la chimie, à la gestion des rejets et des conflits, à la croissance personnelle et à la gestion de l'intimité. Ces réflexions servent à construire une vision globale de ce que signifie s'aventurer dans le vaste monde des rencontres à une époque aussi complexe et en constante évolution.

Mais au-delà des techniques, des conseils et des stratégies, il y a un message central qui émerge : l'importance de l'authenticité et de la confiance en soi.

Authenticité : Il est facile de se perdre dans le tumulte des rencontres, en essayant de s'adapter à ce que l'on pense plaire à quelqu'un d'autre ou à ce que la société nous dit que nous devrions être. Cependant, la véritable connexion repose sur le fait d'être vrai avec soi-même et avec les autres. Cela ne signifie pas qu'il n'y a pas de moments où l'on s'adapte ou où l'on compromet, mais au cœur de sa propre essence, une femme devrait se sentir libre d'être elle-même.

Confiance : La confiance ne concerne pas seulement le fait de se sentir en sécurité avec son partenaire ou dans l'environnement de rencontres, mais elle concerne aussi le fait de croire en soi, en sa propre valeur et en sa capacité à prendre des décisions. Chaque femme a le droit de se sentir valorisée, respectée et aimée pour ce qu'elle est vraiment.

Défis et Croissance : Chaque étape de la vie présente ses propres défis, et le monde des rencontres ne fait pas exception. Mais comme dans n'importe quel défi, il y a toujours l'opportunité de croissance. Chaque rendez-vous, chaque relation, qu'elle dure une nuit ou une vie, offre des leçons précieuses qui peuvent enrichir l'âme et approfondir la compréhension de soi.

Regarder vers l'avenir : Les femmes d'aujourd'hui défient et redéfinissent les rôles traditionnels de genre et les attentes sociales dans de nombreux domaines de la vie, y compris les rencontres. Et même s'il peut y avoir une pression extérieure pour se conformer à certaines normes ou modèles, il est essentiel de se rappeler que chaque personne a sa propre trajectoire d'amour unique et son propre voyage de découverte.

En fin de compte, la clé pour naviguer avec succès dans le monde des rencontres est de le faire avec authenticité, compassion pour soi-même et ouverture aux innombrables possibilités que la vie a à offrir. Donc, à toutes les femmes qui s'aventurent dans ce voyage, je vous encourage à le faire avec confiance et courage, sachant que chaque étape, chaque expérience, contribuera à former le tissu unique et précieux de votre histoire d'amour.

Conclusion du Livre : L'Odyssée des Rencontres - Un Voyage de Croissance et d'Authenticité

L'art des rencontres n'est pas seulement un voyage pour trouver un partenaire, mais aussi un voyage à la découverte de soi-même. Au cours de ce livre, nous avons navigué à travers vingt chapitres essentiels qui offrent une vue d'ensemble complète de ce que signifie s'aventurer dans le monde des rencontres au XXIe siècle.

Ressources Utiles : Si vous souhaitez approfondir davantage ou trouver du soutien dans votre parcours de rencontres, voici quelques ressources en ligne et guides qui pourraient être utiles :

1. **Blog OkCupid :** Un blog qui offre des informations sur les rencontres basées sur des données et des recherches.

2. **Dr. Alexandra Solomon :** Une psychologue qui offre des conseils sur les relations et l'amour.

3. **Institut Relate :** Un espace qui fournit des ressources et des outils pour des relations saines.

4. **PsychCentral :** Articles et conseils sur le bien-
   être émotionnel et les relations.

De plus, il existe de nombreux guides et livres qui
approfondissent des sujets spécifiques abordés dans
notre livre. Assurez-vous de faire vos propres
recherches et de trouver ce qui résonne avec vous et
votre situation personnelle.

En conclusion, les rencontres sont un voyage, pas une
destination. Alors que vous naviguez sur ce chemin,
rappelez-vous de rester authentique, ouvert et
confiant, en sachant que chaque expérience contribue
à votre parcours continu de croissance et de
découverte de soi.

Bonne chance !